KB126778

기 본 소 득 을   넘 어
보편적 기본서비스로!

THE CASE FOR UNIVERSAL
BASIC SERVICES

현금이냐, 현물이냐?

기본소득을 넘어
보편적 기본서비스로!

안나 쿠트·앤드루 퍼시 지음 | 김은경 옮김

클라우드나인
CLOUD 9

전 세계 각국이 코로나19 팬데믹에서 조금씩 회복되고 있다.
우리는 그 회복 과정에서 어떻게 자원을 모으고 협력해 서로 도
울 수 있는지를 증명하고 있다. 그 어느 때보다도 '보편적 기본
서비스UBS, Universal Basic Services'가 중요한 역할을 하고 있다. 공공자금
으로 어떻게 최고의 가치를 얻고 사회적 연대를 구축할 수 있는
지와 기술의 발전 수준과 상관없이 광범위한 영역에서 상대적으
로 안정적인 고용을 창출할 수 있는지를 보여준다. 또한 지속가
능하게 설계됐으므로 미래 세대도 보편적 기본서비스의 혜택을
받아 자신의 필요를 충족할 수 있을 것이다.

보편적 기본서비스는 보편적 기본소득UBI, Universal Basic Income 운동
에 대응해 제안됐다. 소득에는 현금 소득(현금 급여)과 사회적 소
득(현물 급여)이라는 두 요소가 있다는 전제가 그 출발점이다. 이

두 요소는 불가분의 관계에 있고 상호 의존적이다. 사회적 소득이 적을수록 살아가는 데 더 많은 현금 소득이 필요하다. 공공자금을 현금 급여에 더 많이 쏠수록 현물 급여의 비중은 더 적어진다. 두 요소는 밀접하게 연관돼 있지만 목적과 효과는 완전히 다르다. 사회적 소득이 현금 소득보다 훨씬 더 큰 사회적, 환경적, 경제적 가치를 산출할 수 있다.

안타깝게도 현재는 사회적 소득에 대한 이해가 부족하고 그 가치가 매우 저평가돼 있다. 기본소득 지지자들도 사회적 소득이 빈곤과 불평등을 퇴치하는 데 도움이 되고 현금 소득을 통해 얻는 자유를 보강한다는 데 동의할 것이다. 그러나 그들은 현금 소득만이 바람직한 전환을 위한 주요 경로라고 홍보함으로써 중요한 점 두 가지를 놓치고 있다.

첫째, 사회적 소득 또는 보편적 기본서비스를 당연한 권리로 여길 수 없게 된다는 점이다. 지난 10년 동안 많은 정부가 사회적 소득 관련 지출을 삭감했다. 거기다 현재 코로나19 퇴치를 위해 막대한 공공자금을 지출하고 있기 때문에 사회적 소득 관련 지출이 대폭 축소되거나 그럴 가능성이 커졌다. 그런데 사회적 소득 또는 보편적 기본서비스는 사람들에게 현금 소득이 충분하다고 느끼게 하는 효과를 줄 수 있다. 그런 관점에서 보면 공공자금으로 더 많은 양질의 서비스를 제공하기 위한 운동은 보편적 기본소득 지지자들에게 최우선 과제가 돼야 한다. 그러나 지금도 이 주장은 주요하게 다루어지지 않고 있다.

둘째, 보편적 기본소득에 지출되는 돈은 보편적 기본서비스에 사용될 수 없다는 점이다. 적은 (그리고 불충분한) 수준일지라도 모든 사람에게 정기적으로 조건 없이 현금을 지급하면 그 총비용은 엄청나다. 대략 국내총생산의 10~30퍼센트로 추산된다. 따라서 보편적 기본소득 운동가들이 기본서비스에 관심을 보인다고 해도 현금 급여를 하려면 다른 부문에 투입된 재원을 조정해 가져가고 현물 급여를 대폭 줄여야만 가능하다.

우리는 모든 사람이 지불 능력이 아니라 필요에 따라 생활필수품을 얻을 수 있도록 힘께 자원을 모아 위험을 분담하기를 원하는가? 아니면 모든 사람의 주머니 속에 약간 더 많은 돈을 넣어주고 우리의 미래를 시장에 맡기기를 원하는가? 보편적 기본서비스와 보편적 기본소득 사이에 화해할 수 없는 차이점이 있다고 보는가? 보편적 기본소득을 집단행동의 대안이자 국가를 후퇴시키는 수단으로 보는 신자유주의 지지자라면 특히 그렇게 생각할지 모른다. 그러나 보편적 기본소득을 지지하는 진보주의자들은 더 많은 공통점을 찾을 수 있다.

모두에게 특권이 아니라 권리로서 보장되는 최저소득은 사회보장 개혁과는 다르다. 현재 런던의 신경제재단New Economic Foundation은 보편적 기본서비스에 관한 생각을 발전시키고 있다. 보편적 기본서비스는 자산조사와 관련된 사생활 침해와 모욕을 예방하며 보편적 기본소득을 기반으로 하는 다양한 입장들과 비교해 더 관대하면서 비용은 훨씬 적다. 모든 사람이 아니라 필요로 하는 사람들에게 조건 없이 지급되기 때문이다.

　　보편적 기본소득 지지자들이 현금 소득과 사회적 소득이 동전의 양면이라는 것을 인식했다고 가정해보자. 양쪽 지지자들이 현금 소득과 사회적 소득 둘 다를 충분히 확보하기 위해 하나의 운동으로 결합했다고 가정해보자. 그리고 현금 소득이 모든 사람에게 자동으로 현금을 보장한다는 의미가 아니라 모든 사람의 소득이 충분한 수준 이하로 떨어지지 않도록 보장한다는 의미로 이해됐다고 가정해보자. 이는 두 의제 사이에 강력한 가교를 구축하고 변화를 위한 막강한 힘을 창출할 것이다.

2020년 12월

안나 쿠트

| 서론 |

우리는 무엇을 함께 하고 어떻게 서로를 도울 것인가

돈을 많이 벌든 적게 벌든 상관없이 삶을 유지하고 가치 있게 하는 데 꼭 필요한 것들이 있다. 예를 들어 일상생활을 하기 위해서는 몸을 누일 수 있는 집, 영양 섭취를 위한 음식, 교육, 스스로 돌볼 수 없을 때 돌봐줄 사람, 아플 때 받을 수 있는 치료, 물과 선기, 원하는 장소로 데려다줄 교통수단, 그리고 현재는 인터넷 접속 등이 꼭 필요하다.

우리는 형편이 아무리 어려워도 식비, 임대료, 공과금 등을 현금으로 내야 한다. 또 엄청난 부자가 아닌 이상 개인적으로 직접 구매할 수 없는 도로 등을 이용하거나 교육을 받기 위해 간접적으로 세금을 낸다. 영국에서는 국민보건서비스NHS, National Health Service*

---

* 영국의 국민보건서비스NHS는 전 국민에게 무료로 제공되는 공공 의료 서비스다. 1946년 국민보건서비스법National Health Service Law이 제정되고 1948년에 시행되면서 도입된 제도다.

덕분에 아플 때 치료비를 걱정한다거나 민간건강보험에 가입할 필요 없이 무상으로 치료받을 수 있다. 대부분의 선진국은 충분하지는 않더라도 개인적으로 돈을 내지 않아도 집단적으로 제공되는 무료 서비스들이 있다.

이러한 서비스들은 우리가 괜찮은 생활을 유지하는 데 필요한 생활 필수 서비스라는 공통점이 있다. 우리 모두가 이 필수 서비스를 저렴한 가격에 이용할 수 있도록 돈을 나누어냈다고 가정해보자. 필수 서비스 중 하나 이상이 부족하면 비참한 상황을 겪을 수 있다. 그래서 그런 위험 부담을 나누기 위해 다 같이 자원을 모은다고 가정해보자. 바로 그것이 보편적 기본서비스의 목적이다. 즉 모든 사람이 민주주의가 평화롭고 성공적으로 작동되는 데 필수적인 안전, 기회, 참여라는 세 가지 요소에 접근할 수 있도록 다 같이 돕는 것이다.

이러한 생각은 전혀 새롭지 않다. 이 생각은 1930년대 프랭클린 루스벨트Franklin Roosevelt의 뉴딜과 영국의 전후 합의post-war settlement*의 포부를 떠올리게 한다. 모두 전체 사회가 모든 구성원의 복지

---

* 전후 합의란 제2차 세계대전이 끝난 1945년부터 1979년 대처 정부가 등장하기 전까지 노동당과 보수당이 합의한 영국의 사회·경제 정책을 특징짓는 개념이다. 전후 합의의 주요 내용은 혼합경제, 주요 산업의 국유화, 완전고용, 강력한 정부 규제, 노동조합과의 타협, 높은 세금과 관대한 복지국가 등이다. 국민보건서비스의 도입도 전후 합의의 하나였다.

에 좌우되며 이를 책임져야 한다는 전제를 깔고 있다. 따라서 정부는 실업과 빈곤의 고통을 예방하는 정책을 추진하고 질병, 불결한 주택, 열악한 교육으로 말미암은 폐해를 방지하기 위해 움직여야만 했다. 정부는 세금과 국민보험제도National Insurance Schemes*를 통해 자금을 모아서 충분히 돈을 벌지 못하는 사람들을 위한 학교, 의료 서비스, 주거, 소득 지원 등에 사용했다. 이 모든 것이 일자리와 생산적인 경제를 만드는 데 도움이 됐다. 사람들은 실소득뿐만 아니라 공공서비스 형태로 가상소득virtual income을 얻었다. 가상소득은 국가연금과 복지급여를 포함하며 '사회임금social wage'**의 하나로 묘사됐다. 이 제도는 모든 사람, 특히 저소득층의 필요를 충족하면서도 현금을 직접 지불하지 않아도 됐기 때문에 매우 가치가 있었다.

오늘날에도 여전히 가상소득이나 사회임금은 있지만 대폭 줄어들었고 오해받고 있다. 1970년대의 경제 혼란 이후 정부 정책들은 전후 합의와 사회임금의 가치를 점점 약화시켰다. 이러한

---

* 영국의 국민보험제도NIS는 단일 보험료 납부로 퇴직, 실업, 산재, 장애, 질병, 출산 등 다양한 사회적 위험에 대해 현금 급여를 받을 수 있는 통합적 사회보험이다.

** 사회임금은 국가가 모든 국민에게 제공하는 복지 혜택을 돈으로 환산한 것으로 국가마다 다르고 시기마다 차이가 있다. 일반적으로 복지 수준이 높은 선진국일수록 사회임금이 높다. 사회임금은 국민연금과 실업급여 등 다양한 현금 급여와 저렴한 주거, 공공시설, 학교 교육, 의료 서비스 등을 포함한다.

정부 정책들은 개인의 선택, 사적 소유, 작은 정부, 자유시장 등에 기반을 둔 경제적 성공이라는 비전으로 홍보됐다. 정부는 실업과 가난에 대한 책임을 각 개인에게 지우고 스스로 노력할 것을 촉구했다.

2008년 이후 많은 국가가 감세와 함께 공공지출을 대폭 삭감하면서 이런 정책 효과가 점차 증대됐다. 그 결과 무상교육과 의료 서비스의 질이 낮아졌고 사람들은 공공시스템을 버리고 자신에게 필요한 서비스를 개인적으로 돈을 내고 이용하게 됐다. 주택 공급과 교통은 물론 아동과 장애인 돌봄을 비롯한 많은 서비스가 최소화되거나 완전히 폐지됐다. 사람들은 자원봉사와 자선이라는 예측 불가능한 상황에 방치됐다. 공공서비스의 침식은 사회보장급여의 축소와 병행돼 빈부 격차를 크게 벌렸다. 세계에서 가장 부유한 국가들에서도 수백만 명의 사람들이 빈곤 속에서 살고 있다.

이래선 안 된다. 우리의 목적은 집단 이상을 되찾고 사회임금을 재건하는 것이다. 우선 보편적 기본서비스란 용어 정의부터 시작해보자. 보편적 기본서비스는 세 가지 중요한 개념을 함축하고 있다. 각 단어가 의미하는 바는 다음과 같이 역순으로 설명할 때 가장 잘 드러난다. 이 개념들에는 이 책에서 언급하는 '공공서비스'의 의미가 집약돼 있다.

1 서비스Sevices: 공익에 이바지하는 것으로 집단적으로 창출되는 활동들[1]

2 기본Basic: 사람들이 자신의 필요를 충족할 수 있는 필수적이고 (최소라기보다) 충분한 서비스

3 보편적Universal: 모든 사람은 지불 능력과 상관없이 자신의 필요를 충족하기 위해 충분한 서비스를 받을 권리가 있다.

여기서 핵심 주장은 보편적 기본서비스가 실질적으로 확대돼야 한다는 것이다. 의료 서비스와 교육 등 기존 서비스의 질을 높이면서 동시에 돌봄, 주거, 교통, 디지털 정보 접근 등과 같은 새로운 영역의 서비스까지 확장돼야 한다. 보편적 기본서비스는 이미 가지고 있는 최고의 것에 기반해 근본적인 변화를 추구한다. 그러나 '좋은 옛날'로 되돌아가거나 단순히 과거에 가졌던 것을 더 많이 가지는 것이 목적은 아니다. 우리의 제안은 크게 세 가지 이유로 근본적이다.

첫째, 우리 주장의 핵심은 '집단 이상collective ideal'이다. 집단 이상은 개인의 선택과 시장 경쟁이라는 정치로 말미암아 신뢰를 잃

고 점차 사라지고 있다. 우리가 무엇을 함께 하고 어떻게 서로를 돌보느냐는 우리 모두가 필요를 충족하고 가치 있는 삶을 살 수 있게 하는 열쇠라는 것을 인식하면서 현재의 추세를 뒤집는 것을 목표로 한다. 둘째, 우리는 '충분성sufficiency과 지속가능성sustainability'을 지향한다. 보편적 기본서비스는 지속가능한 발전을 위한 어젠다의 필수 요소다. 우리는 지속가능성을 인류 문명의 미래를 지키기 위한 우선순위의 문제로 인식해야 한다. 셋째, 우리는 '전통적인 공공서비스 모델을 진정으로 참여적인 모델로 개선'하고자 한다. 국가는 지원만 하고 필요로 하고 이용하는 사람들이 직접 운영하는 모델로 바꾸는 것이다.

그럼 왜 지금 이러한 근본적인 변화가 필요한 것일까? 그건 단지 사람들이 좀 더 나은 삶을 살도록 돕기 위해서가 아니라 생존하고 번영할 유일한 방법이기 때문이다. 물론 현행 복지제도는 사람들이 필요로 하는 것들을 충족하기 위해 고군분투하고 있다. 하지만 인구통계학적, 기술적, 생태적 도전에 충분히 대응하거나 빠르게 적응하지 못하고 있다. 정부의 권한을 줄이고 시장을 키우려는 정치 세력들에게 지속적으로 공격을 받았다. 개인주의, 경쟁, 축재를 조장하는 이데올로기는 사람들을 분열시켰다. 결국 열망은 억눌리고 불안감은 고조됐으며 환경 문제는 악화되고 정치적 양극화는 가속화됐다. 민주주의의 건강성과 강점은 공동의 이익, 목표, 상호 이해, 협력에 의존하고 있다. 그런데 이러한 민주주의의 기반이 약해지고 있다.

우리는 이 책이 불평등의 확대, 흔들리는 복지제도, 지속 불가능한 소비 등과 같은 긴급한 문제들을 어떻게 해결할 것인가에 대한 논쟁을 불러일으키기를 원한다. 우리의 접근법을 명확하게 하기 위해 특정 범위에 초점을 맞추었으나 보편적 기본서비스의 범위를 제한하는 것은 전혀 아니다. 보편적 기본서비스는 훨씬 더 확장될 수 있다. 뒤에서 살펴보겠지만, 보편적 기본서비스는 모든 생활 필수 서비스에 대해 획일적인 하나의 실행 계획을 적용하는 것이 아니다. 가치에 기반을 두고 일련의 가이드라인을 설정해 여러 필요와 상황에 알맞게 적용하는 것이다.

보편적 기본서비스라는 용어는 2017년 10월 유니버시티 칼리지 런던University College London의 세계번영연구소Institute for Global Prosperity가 발표한 보고서에서 처음으로 언급됐다.[2] 보편적 기본서비스의 접근법은 보편적 기본소득과 다르다. 보편적 기본소득은 부유하든 가난하든 모든 사람에게 정기적이고 무조건적으로 현금을 지급하자는 제안이다. 표면상으로는 빈곤과 불평등을 줄이고 기회를 촉진하며 인색하게 주고 낙인까지 찍는 소득지원제도에서 생기는 문제를 해결하려는 방안이다. 우리는 모든 사람이 최소한의 소득을 보장받을 권리를 가져야 하며 힘든 상황에 부닥쳤을 때 비난받거나 낙인찍혀 고통받아서는 안 된다는 원칙을 진심으로 지지한다.

이 책의 주제는 아니지만 소득지원제도의 근본적인 개혁은 매우 시급하다. 그렇다고 모든 사람이 충분히 먹고살 수 있도록 보편적이고 무조건적으로 현금을 지급하는 것이 해법은 아니다. 보편적 기본소득의 주창자들이 그것을 어떻게 정의하든 말이다. 우리는 보편적 기본소득이 목적으로 하는 야심에 찬 주장들이 실행될 수 있다는 증거를 찾지 못했다.[3]

반면에 우리는 보편적 기본서비스가 유사한 목표를 현실적으로 달성할 수 있다고 확신한다. 보편적 기본서비스는 시장 기반 제도 내에서 개인적 소비라는 신자유주의적 공식에 연결하는 대신에 개인별 현금 소득에 대한 의존도를 줄이면서 보충해주는 집단적 접근법을 제안한다. 더 높은 양질의 공공서비스는 평등, 효율성, 연대, 지속가능성의 측면에서 훨씬 더 나은 결과를 가져올 것이다.

목차 ...

3장
보편적 기본서비스의 장점은 무엇인가 · 53

4장
보편적 기본서비스의 시작: 돌봄 서비스 · 79

1장

왜 지금 복지 패러다임의
변화가 필요한가

왜 부자 나라에 가난한 사람이 늘어나는가

우리 중 누구도 응급치료를 받는 데 돈을 내거나 동네 의사를 만나는 데 3주나 기다려서는 안 될 것이다. 자녀가 학교에서 무상으로 행복하게 교육을 잘 받으리라 신뢰할 수 있어야 한다. 푸드 뱅크가 필요하거나 노숙해야 하는 사람이 있어서도 안 되며 건강 불평등이 확대되거나 정신적 고통의 수준이 증가해서도 안 될 것이다.

터무니없는 상상이 아니다. 현대 민주주의 체제에 사는 사람들의 합리적인 기대일 따름이다. 많은 사람이 기본적으로 불안

속에서 살고 있다. 부모들 대부분이 지역 학교를 신뢰하지 않는다. 많은 사람이 자신이 아플 때 적절한 치료를 받을 수 있을지 의구심을 품고 있다. 평균 소득 수준의 사람들이 하는 걱정이다. 가난한 사람들은 훨씬 더 많은 걱정을 할 것이다. 노숙, 극도의 빈곤, 절망감 모두 증가하고 있다.

2017년에 유엔은 극빈과 인권에 관한 특별보고관을 미국에 파견했다. 그 당시 특별보고관은 상위 계층의 부, 권력, 기술 중 무엇도 '극빈층 4,000만 명이 처한 빈곤 상황을 해결하는 데 활용되고' 있지 않다는 사실을 발견했다. 그는 극빈이 '권력자의 정치적 선택'으로 계속되고 있다는 결론을 내렸다.[1] 그 특별보고관은 2018년에 영국을 방문했을 때도 유사한 사실을 발견했다. 세계 5위의 경제 대국인 영국에 가난하게 사는 사람이 너무 많다는 것은 '전적으로 불공평하며 영국적 가치에도 반하는' 것이었다. 그는 그렇게 된 상황이 국가 경제력의 필연적인 결과가 아니라 '사회 구조를 근본적으로 개편'한 정부의 선택이라고 평가했다.[2] 미국과 영국이 다른 부유한 국가들보다 좀 더 심각할 수는 있다. 하지만 대부분의 선진국에서도 정부의 우선순위, 공공 인식, 지출 패턴 등에 유사한 변화를 보이고 있다.

보편적 기본서비스의 주장은 이와 다른 방향을 선택하자는 것이다. 우리의 주장은 두 가지 핵심 원리에 근거한다. 바로 공동 필요shared needs*와 집단 책임collective responsibility이다. 지난 수십 년간 정치가 만들어온 신자유주의적 '상식'에는 속하지 않는 것들이다. 하지만 이는 전적으로 더 흔하고 실용적임을 알 수 있다. 우리의 일상 경험과 익숙한 감정에 비추어볼 때 깊이 동감할 수 있다. 또한 정치 이론에 견실히 기반하고 있다.

생존하는 데 필요한 것과 원하는 것은 다르다

모든 인간은 생존과 번영을 위해 또 스스로 판단하고 사회에 참여하기 위해 충족돼야만 하는 일련의 동일한 기본적 필요가 있다. 그러나 인간은 각자 개인의 능력에 따라 필요 충족 정도가 달라진다. 그 때문에 능력에 대한 이론들이 나타나게 된다. 마사 누스바움Martha Nussbaum은 세 가지 핵심 능력을 유대affiliation, 신체적 완전성bodily integrity, 실천 이성practical reason이라고 설명한다.[3] 렌 도열Len

---

* 모든 사람이 살아가면서 반드시 필요로 하는 것.

Doyal과 이언 고프Ian Gough는 건강과 비판적 자율성*을 사회 참여를 위한 전제조건이 되는 인간의 기본적 필요라고 밝힌다.[4]

인간의 기본적 필요는 시공간을 초월해 보편적이다. 물론 그 충족 방식을 실천하는 세부 사항은 규범, 자원, 기대 등이 세대와 국가에 따라 바뀌고 변화하기 때문에 상당히 달라질 것이다. 그러나 좀 더 오래 유지되는 보편적인 '중간 단계의 필요intermediate needs'라는 특정한 일반 범주들이 있다. 이 범주들은 우리의 기본적 필요를 충족하는 수단들이다. 필요 이론가need theorist들은 중간 단계의 필요로 물, 음식, 주거지, 안전하고 위협적이지 않은 일, 교육, 의료 서비스, 아동의 안전, 의미 있는 일차적 관계, 신체적·경제적 보장, 그리고 안전한 환경 등을 열거했다.[5] 기본적 필요와는 달리 중간 단계의 필요는 시간이 지남에 따라 발전한다. 예를 들어 '인간의 기본적 건강과 복지를 실현하기 위한 보편적이고 본질적인 최소한의 일련의 물질적 조건'을 확인하려는 최근의 결과로 자동차 수송motorized-transport과 정보통신에 대한·접근권을

---

* 이언 고프는 비판적 자율성critical autonomy을 '문화적 규칙을 비교하고, 자기 문화의 규칙을 반성하고, 다른 사람들과 함께 규칙들을 변화시키면서 극단적으로는 다른 문화로 이동하는 역량'으로 설명한다(Ian Gough(2014), Climate Change and Sustainable Welfare: An Argument for the Centrality of Human Needs, Centre for Analysis of Social Exclusion CASE/182, London School of Economics, p.8).

목록에 추가해야 한다는 것을 밝혀냈다.[6]

필요와 욕망은 다르다. 욕망은 끝을 모를 정도로 다양하고 기하급수적으로 증가할 수 있다. 당신은 원하는 것을 얻지 못해도 죽지 않으며 사회인으로 살아갈 수 있다. 하지만 필요한 것을 얻지 못하면 죽을 수도 있고 사회인으로 살아갈 수 없다. 필요들은 대개 서로를 대체할 수 없다(물과 주택의 부족을 좀 더 많은 교육이나 의료 서비스로 상쇄할 수 없다). 각각의 필요는 필수적인 패키지를 구성하는 일부분이다. 그리고 필요는 충족될 수 있다. 즉 필요에는 한도가 있다. 그 이상의 음식, 일, 안전은 더는 도움이 되지 않는다. 심지어 해가 된다. 필요를 충족하다 보면 '충분성'의 지점에 도달한다. 반대로 우리가 원하는 모든 것을 가지게 될 때는 절대 오지 않는다.

필요와 욕망 또는 선호 사이의 차이를 이해해야 한다. 그래야 현재와 미래에 모든 사람의 생존과 건강과 복지를 위해 진정으로 필수적인 것들이 무엇인지 결정할 수 있고 또 지속적이면서 증거에 기초한 윤리적 토대가 마련된다. 우리는 역사, 지리, 정치, 문화가 필요를 충족하는 특정한 방식을 만든다는 것을 알기 때문에 획일적인 결정론에 빠지지는 않는다. 그렇다 해도 이들의 차이를 이해한다면 좀 더 공정하고 지속가능한 우선순위를 결정하는 데 도움이 될 것이다.

누구나 기본적 필요를 충족할
수 있어야 한다

오늘날 우리는 각자 자신의 상황에 따라 시장 거래를 통해 필요를 충족시키고 있다. 예를 들어 대표적으로 음식과 옷이 있다. 우리는 음식과 옷을 사야 한다. 그러려면 그럴 만큼의 돈이 있어야 한다는 것은 중요하다. 그외 다른 욕구들은 각자 개인의 능력만으로 충족하기는 어렵다. 다른 사람들의 도움을 받아야 가능하다. 예를 들어 대표적으로 의료 서비스와 교육이 있다. 하지만 집단 대응을 요구하는 필요의 범위는 훨씬 더 광범위하다. 우리가 모두 함께 살려면 소득 지원과 서비스 제공 같은 정책들을 조합해서 누구나 기본적 필요를 충족하도록 보장할 책임이 있다.

사회학자 에밀 뒤르켐Émile Durkheim이 관찰한 바와 같이 인간은 "서로를 이해하지 않고는 함께 살 수 없다. 그리고 서로 희생하면서 강력하고 지속적인 관계를 맺지 않으면 공존할 수가 없

다.*" 이는 단순히 가치 있는 선택이 아니라 사회생활을 위한 '필수적인 기반'이다.[7]

프랭클린 루스벨트의 뉴딜과 전후 복지 국가들은 정부 제도를 통해 자원을 모으고 위험을 분담하고자 했다. 대부분의 전후 합의는 (남성의) 완전고용을 달성하고, 실업자들에게 소득을 지원하고, 개인적으로 생활 필수 서비스를 구매할 수 없는 사람들에게 공공서비스 형태로 무상 공급하는 것을 목표로 했다. 정치철학자 토마스 험프리 마셜Thomas Humphrey Marshall은 이 같은 집단적 접근법을 '사회적 시민권social citizenship'이라는 개념으로 요약했다. 사회적 시민권은 사회의 모든 구성원이 해악으로부터 보호되고 시민의 자유를 유지하도록 하는 전통적인 '소극적' 권리뿐만 아니라 '적극적인' 경제적, 사회적 권리를 포함한다.[8]

사회적 시민권은 윤리적이면서 현실적인 측면 모두를 고려하고 있다. 역경에 처한 시민들은 비난과 처벌이 아니라 동료 시민들의 도움을 받아야 한다. 그리고 인구가 번성하는 것은 경제에 유익하다. 사람들이 살아가고 활동할 수 있는 충분한 사회적, 경제적 수단을 갖지 않으면 시민적, 정치적 권리는 실현될 수 없다.

---

* 민문홍 역(2012), 『사회분업론』, 아카넷, p.338.

집단 책임은 권리뿐만 아니라 의무도 포함하고 있다. 그것은 모든 사람이 주고받는 역동적인 과정이다. 그러나 사람들은 기본적 필요가 충족되지 않는 한 의무를 다할 수 없다. 이 같은 상호 의존성은 모든 인간 사회에 도덕적 기반을 제공한다. '도덕경제moral economy'는 물질적 경제를 뒷받침하고 '타인에 대한 개인과 제도의 책임과 권리에 관한 규범과 정서'를 포함한다.[9]

사회임금의 전체 가치는
화폐로 환산한 가치보다 크다

공동 필요를 충족하기 위해 서비스를 집단 제공하는 것은 노동소득보다 더 가치가 크다. 간단히 말해 서비스의 집단 제공은 개인 각자가 부담해야 하는 지출을 대체하는 가상소득이다. 우리가 쓸 수 있는 현금을 더 많이 남기는 셈이다. 앞에서 언급했던 바로 그 가상소득 또는 '사회임금'이다. 이러한 개념은 수십년 전부터 나와서 논의됐지만 오늘날에는 거의 논의되지 않고 있다. 경제사학자 리처드 헨리 토니Richard Henry Tawney는 "한 국가에서 대다수 국민의 생활 수준은 단순히 자신의 노동에 대해 받는 보수뿐만 아니라 시민으로서 받는 사회적 소득에도 의존한다.”
라고 말했다.[10]

사회임금의 전체 가치는 화폐로 환산된 가치보다 훨씬 더 크다. 그것은 우리들뿐만 아니라 다른 사람들에게 제공된 서비스의 효과를 통해 그리고 전체 사회에 미치는 효과를 통해 시간이 지남에 따라 간접적으로 가치를 산출한다. 더욱이 뒤르켐, 마샬, 토니의 이론에는 없었지만 오늘날 환경적 가치는 무시할 수 없는 매우 중요한 사회적 가치가 되고 있다.

인간은 반드시 유한한 지구의 생태적 제약을 존중하면서 활동해야 한다. 과학자들의 예측에 귀를 기울이지 않으면 수십 년 안에 공공서비스를 계획하거나 공급해야 할 대상인 인간 사회 자체가 실제로 사라질지도 모를 위험에 놓여 있다. 따라서 건강과 복지의 향상을 목표로 하는 모든 정책 제안은 유해 가스 배출량을 줄이고 천연자원을 보호하며 지구위험한계선을 안전하게 유지할 수 있도록 설계돼야 한다.

보편적 기본서비스는 공동 필요와 집단 책임에 뿌리를 두고 있다. 이는 시장 가치와 개인적 지불에 근거한 그 어떤 복지제도보다 지속가능한 실천을 하는 데 적합하다는 것을 의미한다. 보편적 기본서비스는 현재뿐만 아니라 미래 세대들에게도 가치가

있다. 따라서 보편적 기본서비스는 1987년 「브룬틀란 보고서Brun-
dland Report」*가 가장 자주 인용했던 지속가능한 발전의 의미와 일치
한다. 이 보고서는 지속가능한 발전을 '지금 세계가 자신들의 현
재 필요를 충족하기 위해 미래 세대의 능력을 훼손하지 않으면
서 충족하는 것'이라고 정의했다.[11]

---

* 「우리 공동의 미래Our Common Future」라고도 불리는 「브룬틀란 보고서」는 유엔 브룬틀란
위원회에서 발표했다. 환경 파괴의 원인과 사회적 형평성, 경제 성장, 환경 문제 사이의 상호 연계
등을 밝히고 통합하는 정책으로 지속가능한 발전 개념을 도입했다.

2장

어떻게 보편적 기본서비스를
운영할 것인가

어떻게 운영되는가

보편적 기본서비스는 현실에서 어떻게 운영될까? 영국의 국민보건서비스를 생각해보자. 국민보건서비스는 70년 넘게 운영돼왔고 여전히 건재하다. 세금으로 운영되며 모든 사람이 필요할 때 의료 서비스를 무료로 받을 수 있다. 물론 완벽하지는 않다. 연이은 정부들이 경영 구조 개편, 영리 계약자, 민간 금융 도입을 시도하면서 진통을 앓고 있다. 이러한 시도는 환자에게 더 나은 치료를 제공하고 효율적으로 운영하겠다는 명분으로 이루어졌다. 하지만 대기 시간이 늘어나고 인력 부족을 겪고 있다. 가난한 사람들이 부유한 사람들보다 병에 더 자주 걸리고 더 젊은 나이에 사망하는 등 지역 간 또는 사회 집단 간 '건강 격차'가 커지고 있다.

그럼에도 국민보건서비스는 국가적 자랑으로 대중에게 엄청난 지지를 받으며 버티고 있다. 2017년 킹스 펀드King's Fund의 조사를 보면 국민의 77퍼센트가 국민보건서비스를 현행 형태로 유지해야 한다고 생각하고 있으며 90퍼센트가 설립 원리를 지지하는 것으로 나타났다. 즉 국민보건서비스는 모든 사람의 필요를 충족하면서 무료로 이용할 수 있고 지불 능력이 아니라 임상적 필요에 따라 운영돼야 한다.[1]

무상교육 역시 전후 합의의 또 다른 축으로 일부 지역에서는 심하게 흔들리긴 하나 여전히 유지되고 있다. 교육은 건강과 복지에 커다란 변화를 일으킬 수 있다. 학교 교육은 잠재적으로 수많은 공동 필요를 충족하는 매우 강력한 방법이다. 영국을 비롯한 상당수 국가에서 학생 1인당 공공지출이 삭감됐고 교사들은 한계 상황에서 부담을 느끼고 있다. 가난한 아이들은 부유한 또래들과 비교해 시험 결과가 좋지 않고 점점 더 나빠지고 있다. 그러나 최근 영국 국민의 사회의식을 설문조사한 결과를 보면 응답자의 5분의 4인 80퍼센트가 적어도 영국의 학교 교육 시스

템을 어느 정도 신뢰하고 있다고 응답했다.[2]

양질의 공공서비스를 더 많이 제공하기 위해서는 확실히 더 많은 공공자금이 필요하다(이 문제는 6장에서 다룰 것이다). 그런데 아무리 공공서비스가 중요하다고 하더라도 실패한 시스템에 더 많은 돈을 쏟아붓는 것은 의미가 없다. 현행 공공서비스 시스템이 시사하는 바는 두 가지다. 첫째, 우리는 보편적 기본서비스와 관련해 실제 경험이 풍부하다. 그 경험의 실패와 성공에서 배울 것이 많다. 둘째, 각 공공서비스는 서로 다르고 각자의 특정한 역할이 있다. 따라서 각 공공서비스는 맞춤형으로 접근해야 한다. 이미 많은 나라에서는 의료, 학교 교육, 치안 유지와 같은 기존 서비스들이 무료이며 보편적이다.

우리는 이런 서비스들의 근본적인 개선이 필요하다고 생각한다. 그뿐만 아니라 생활 필수 서비스가 아직 제공되지 않은 분야로 확장돼 모든 사람이 자신의 잠재력을 실현하고 사회 참여의 동등한 기회를 누릴 수 있기를 원한다.

우리는 맨체스터학파가 기본경제Foundational economy* 연구에서 경제를 구분한 물질적material 경제와 섭리적providential 경제에서부터 논의를 시작하고자 한다.[3] 물질적 영역은 주로 도로, 철도, 배관과 전선, 공공건물, 차량 등과 같이 '사물things'과 관련된다. 섭리적 영역은 주로 의료 서비스, 교육과 기타 돌봄, 관계적 서비스와 활동 등 '인간의 상호작용human interaction'과 관련된다. 이 두 종류의 기반 시설은 종종 보이지 않거나 당연하게 여겨지는 일상의 필수품들로 구성돼 있고 무언가가 잘못되기 전까지는 거의 알아채지 못한다. 이 둘은 상호 의존적이어서 분리하기 어렵다. 예를 들어 교육과 돌봄 서비스는 시설과 장비를 필요로 하고 철도 노선은 열차 서비스 없이는 무용지물이며 가스 배관은 유지 관리가 필요하다.

우리의 제안에 초점을 맞추기 위해 보편적 서비스가 없거나 충분하지 않아서 생긴 폐해와 관련해 가장 대중적인 논쟁이 있었던 영역과 섭리적 영역에 논의를 집중하고자 한다. 논의할 영

---

* 기본경제라는 용어는 2013년 「기본경제를 위한 선언Manifesto for the Foundational Economy」에서 비롯됐다. 이 선언에 따르면 산업 정책의 주요 목표는 소수가 선호하는 첨단 기술 분야가 아니라 인구의 모든 구성원이 당연하게 여기는 상품과 서비스를 제공하는 기본경제 부문이 돼야 한다. 그러기 위해 정치적으로 개입해야 한다는 것이다. 기본경제는 보건, 의료, 교육, 주거, 음식, 공공기반시설 등을 포함한다.

역들은 우선순위에 따라 정한 것은 아니지만 아동 돌봄, 성인 사회적 돌봄, 주택 공급, 교통, 디지털 정보 접근권이다. 이는 단지 사례일 뿐 보편적 기본서비스가 포함해야 할 서비스 영역은 훨씬 더 확대될 수 있다.

보편적 기본서비스는 집단 책임의 이행이라는 도전에 대한 특효약이나 만능 해결책이 아니다. 보편적 기본서비스는 여러 가지를 고려해야 하는 복잡한 제안이다. 그래서 각 분야에 필요한 맞춤형 접근법과 공통점이 무엇인지를 이해하기 위해 복잡한 특성들에 대한 분석부터 시작하고자 한다.

누구에게 책임이 있는가

첫째, 책임 소재에 관한 질문이 있다. 책임이란 기능을 수행하고 그에 대해 설명할 임무 또는 의무가 있는 것을 의미한다. 전후 합의는 집단 책임을 인정하고 정부에게 서비스를 맡겨 국가나 지방정부가 직접 제공하도록 했다. 상당수의 서비스, 특히 성인에 대한 사회적 돌봄은 현재 다양한 규제 조치와 함께 정부가 민간 또는 제3섹터*의 기관에 위탁하고 있다. 자선단체와 비정부기구NGO들은 때때로 정부가 포기한 서비스를 제공하기 위해 개입해왔다. 지역 청소년 서비스가 그 예다. 스포츠 클럽과 수영장 같은 일부 편의시설 대부분이 민영화됐다. 그 결과 정부의 책임성이 점점 약화됐다. 지금은 각기 다른 환경에서 정부, 영리기업, 비영리단체, 자선단체, 자원봉사단체 등 모두가 책임을 나누어 맡고 있다.

동시에 개인, 가족, 지역 단체들은 자신들의 필요를 충족하는데 더 많이 책임을 지고 국가에 대한 의존은 줄여야 한다는 요구를 받았다. 앞으로 살펴보겠지만 이것은 정치적 성향에 따라 다양한 관점에서 제기됐다. 서비스를 이용하거나 필요로 하는 사람들에 대한 명칭은 역할에 따라 이용자, 의뢰인, 고객, 소비자, 파트너 또는 참여자 등으로 구분해서 씀으로써 관계와 책임의 정도를 보여주고 있다.[4]

---

* 제3섹터는 공공 부문(제1섹터)이나 민간 부문(제2섹터)이 아니다. 일반적으로 이윤보다는 사회적 목표를 달성하려는 가치 지향적 부문이다. 자선단체, 자원봉사단체, 지역사회단체, 사회적 기업, 협동조합 등 다양한 비정부조직과 비영리조직들이 제3섹터에 포함된다. 영국 정부는 2010년 제3섹터를 육성하기 위한 전략을 발표하기도 했다. 일반적으로 공공서비스와 관련해 제3섹터의 역할이 많이 강조된다.

누구에게 권한이 있는가

책임이 누구에게 있는가 하는 질문은 권한이 누구에게 있는가 하는 질문과 밀접하게 연관돼 있다. 전통적인 하향식 모델 서비스는 시민과 가족의 상호 원조를 억제하고 국가에 대한 의존을 조장해 서비스를 이용하는 사람들의 권한을 약화시킨다는 비판을 받아왔다. 일부 서비스 이용자 그룹뿐만 아니라 시장 가치 옹호자들은 사람들이 선택을 통해 권한을 얻게 된다고 주장해왔다. 그러나 지금까지의 경험에서 알 수 있듯이 모든 사람이 비슷한 양의 정보, 기술, 확신을 갖지 않는 한 선택은 더 잘살고 더 교육받은 사람들에게만 권한을 준다. 그리고 선택이란 선택할 것이 거의 또는 전혀 없는 상황에서는 종종 환상일 뿐이다.

한편 일부 영리기관들은 민간 위탁 서비스의 비중을 늘려 권한을 축적해왔다. 정부 규제는 종종 너무 약하거나 비효과적이었다. 그러다 보니 소수의 영향력 있는 영리기관들이 시장을 지배할 수 있게 됐다.

지방으로의 권한 이양과 '보충성subsidiarity' 원칙(결정된 목표를 달성하기 위해 가능한 가장 낮은 수준에서 권한을 행사하는 것)의 적용에 대한 지지는 상당하다. 이러한 열망은 개인과 지역공동체로 책임을 이전해야 한다는 요구와 마찬가지로 각기 다른 정치 세력들이 다양한 해석을 내놓으며 공유되고 있다. 우파의 목적은 책임과 권한을 중앙 정부에서 지방 기업, 자선단체, 기타 비정부기구로 이전해 중앙 집중화된 자금을 축소하거나 아예 폐지하는 것이다.[5] 중도의 목적은 '지역주의localism'이다. 국가 또는 연방 차원에서 권한을 지방정부로 이양하고 자금 조달 능력을 높여 지역 유권자들의 필요를 직접 또는 현지 기관이나 주민들과 협력해 충족하는 것을 의미한다.[6]

공동체주의자들과 '커머닝commoning'* 운동의 일부 지지자들은 독립적인 지역 단체들이 서비스를 스스로 정하고 관리해 통제하도록 장려하기를 원한다. 이들 집단 내에는 강한 반국가적 정치 갈래가 있다. 정부를 해결책이 아니라 문제의 한 부분으로 간주하는 것이다. 그래서 국가와 시장 모두의 대안으로 지방의 자기 결정권과 자기 조직화를 선호한다.[7] 그 밖의 다른 집단들은 지방으로의 권한 이양을 선호하고 일부 지역주의 주창자들보다는 주민들에게 훨씬 더 많은 통제권을 주기를 원한다. 하지만 그러면

---

* 공동자원을 관리하는 시스템들을 만드는 데 필요한 상호지원, 갈등, 협상, 소통, 실험 등을 포함하는 사회적 실천(Bollier, D.(2016), Commoning as a Transformative Social Paradigm, p.2, https://thenextsystem.org/node/187, 2021년 7월 11일 검색)

서도 국가가 다음과 같은 핵심적인 책임을 유지하는 민주주의의 틀 안에서 이루는 것을 추구한다. 우리도 대략 같은 입장을 견지하고 있다.

어떤 조직 모델이 유용한가

국가가 서비스 제공 기관을 직접 소유하는 모델 이외에도 광범위한 조직 모델들이 있다. 여기에는 다국적 기업, 중소기업, 사회적 기업, 협동조합과 공제회, 이용자 주도 조직, 등록 자선단체, 지역이나 공동 필요와 이해관계를 중심으로 조직된 커뮤니티 그룹 등이 포함된다.[8] 이들 중 상당수가 유럽연합EU에서 500만 명 이상을 고용하고 1억 2,300만 명의 회원이 참여하는 '사회연대경제social and solidarity economy'로 정의된다.[9] 서비스 제공을 목적으로 공공기관과 비정부기구 사이에 파트너십을 결성하기도 한다.

조직의 유형, 규모, 구조는 조직의 여러 특성을 결정한다. 즉 조직의 목적이 공익에 얼마나 잘 들어맞는지, 정부 계약 입찰과 자금 관리와 미래 전략과 개선을 위한 투자와 채용과 직원 교육과 재교육과 적절한 급여와 근무환경 제공에 얼마나 잘 대처하는지, 또 서비스 이용자들과 조직에 대한 통제권을 얼마나 공유할지를 결정한다.

몇몇 조직 유형, 특히 대기업을 비롯한 영리기업들의 가치와 동기는 공동 필요를 충족하기 위해 집단 책임을 이행하는 목적과 어울리지 않는다. 맨체스터 학파의 줄리 프라우드Julie Froud와 그 동료들은 공적 가치에 근거한 강력한 규제가 없다면 펀드 투자자들과 주주들은 '자원 추출과 개발의 도구를 아무런 거리낌 없이 이용할 것'이라고 말한다.[10] 따라서 민간기업을 포함한 모든 기관이 재화와 서비스를 대중에게 제공하기 위해 정부와 계약할 때는 공적 자격을 가져야 하며 '평등, 참여, 양질의 서비스, 책임성, 투명성, 연대, 공공 정신'과 같은 공익적 목표를 명시적으로 공유할 것을 제안한다.

자금 지원은 어떻게 하는가

공공서비스 제공에 대한 자금 지원 방식은 소유 모델과 권한 관계에 따라 다양하다. 보통은 세금을 통해 전액 지원되며 정부 정책에 따라 자금 지원의 수준이 결정된다. 정부 기구들은 민간 위탁 서비스에 자금을 전액 지원한다. 정부는 제3섹터 기관들이 다양한 활동을 할 수 있도록 보조금을 지급하기도 한다. 또한 이 기관들이 다른 곳에서 추가적인 자금을 조달할 것을 기대한다. 하지만 쉽지 않거나 거의 불가능한 일이다. 민간기업들도 투자를 하지만 충분한 수익을 기대할 만한 곳에만 투자한다. 자선 기부는 공공지출이 삭감됨에 따라 점점 더 중요한 자금의 원천이 되고 있다. 또한 자원봉사 활동(무급 노동)은 일상적으로는 저평가되지만 상당한 자원을 제공한다.[11]

시민들은 서비스 이용에 대한 대가를 자산조사 결과에 따라 지급한다. 어떤 경우에는 공공자금이 개인별로 직접 현금으로 지급되거나 상품권으로 배분된다. 그러면 이용자들은 현금이나 상품권으로 필요하거나 원하는 (그리고 살 수 있는) 서비스를 이용하는 데 사용할 수 있다.[12]

어떻게 참여를 끌어내는가

지난 20년간 정부 당국은 직접 자금을 지원하는 서비스를 계획할 때 지역 주민과 서비스 이용자들을 참여시켜 함께 논의해왔다. 지방 당국을 비롯한 기타 자금 지원 기관들이 업무를 처리할 때 여론 조사, 포커스 그룹, 시민 패널, 지역사회 포럼, 심의 워크숍 등은 일반적으로 거쳐야 할 절차가 됐다.

주민과 이용자들의 참여로 서비스의 범위와 품질이 개선되기도 하고 지방 당국의 지원을 강화하기도 했다. 이러한 참여는 서비스 축소로 말미암은 고통을 줄여주고 자발적인 단체와 공공자금 조달 조직이 동맹을 맺는 데 도움이 되기도 했다. 하지만 어떤 경우에는 체감할 수 있는 차이를 만들어내지 못해 사람들이 싫증을 느끼고 냉소적이게 됐다. 대부분은 주민과 서비스 이용자들의 참여가 어떻게 조직화되는지, 얼마나 많은 권한이 주어지는지, 그들의 의견이 진정으로 받아들여지고 관심을 얻는지, 참여의 결과가 공공 당국의 의사결정과 행동에 어떻게 영향을 미치는지에 달려 있다.

서비스를 제공하는 비정부 부문에서도 비슷한 경향이 있다. 그들 중 다수는 이용자 참여와 '개인 맞춤형"'을 지원하는 정책을 추진하고 있다. 사람들이 서비스에 대한 의사결정에 실제로 참여하는 범위는 정보를 얻고 상담을 받는 것부터 기획, 디자인,

---

* 개인의 특정한 필요와 상황에 맞는 맞춤형 서비스 제공을 목적으로 하는 접근 방식.

제공 단계에 참여하고 공동생산하는 것까지 매우 넓다.

공동생산에는 서비스 이용자들과 제공자들이 동등한 협력 관계로 참여한다. 그리고 필요를 충족하는 방법을 개발하기 위해 일반 지식과 전문 지식을 결합한다. '커머닝' 지지자들은 사람들이 서비스의 설계와 제공뿐만 아니라 필요를 판별하고 충족하는 최선의 방안을 통제하는 것을 구상한다. 공동생산과 커머닝은 '서비스'라는 바로 그 아이디어에 도전한다. 그들은 사람들이 단순히 제공된 서비스를 누리기보다는 스스로 자신의 필요를 충족하는 활동에 참여하는 것에 초점을 맞추기 때문이다.[13] 이런 이유로 우리는 앞서 보편적 기본서비스를 정의하며 단순히 서비스 대신에 '활동들'을 언급했다.

효과적인 참여를 위해서는 전문가들과 서비스 노동자들이 다른 사람들과 함께 생각하고 활동하며 상호작용하는 방식으로 근본적으로 변화해야 한다. 공동생산 운동을 이끌고 있는 데이비드 보일David Boyle을 비롯한 여러 사람의 견해에 따르면 공동생산은 새로운 기량을 필요로 한다. "새로운 기량이란 사람들이 가진 자산을 이해하고 이용할 수 있고, 스스로 발전할 수 있는 여지를 만들고, 공동생산이라는 과제를 혼자 처리하기보다 함께 작업하기 위해 다양한 방법들을 이용하는 것을 포함한다." "공동생산은

'돌봄'의 문화에서 벗어나 격려와 지원의 문화로 초점을 바꾸지만 다양한 기량들이 또한 제도를 바꾸고 대규모로 작동할 수 있어야 한다."[14]

영국의 선도적인 한 대중 참여 전문가는 정책 입안자들이 참여자들의 아이디어에 대해 입에 발린 말만 하고 진정한 참여를 가능하게 하는 지출은 삭감하고 있다며 긴축정책 탓에 참여가 '부실'해졌다고 언급한다. "시민 참여는 정책에 중요한 영향을 미친다. 시민 참여를 폐지하면 공공서비스의 질이 떨어지고 책임성이 약해지며 참여와 지원이 점점 너 줄어드는 악순환을 가져온다."[15]

어떤 기준으로 운영하는가

보편적 기본서비스의 보편적 구성 요소는 '지불 능력'이 아니라 '필요'에 따른 접근성이다. 좀 더 명백히 말하자면 주택이나 아동 돌봄 서비스가 필요하지 않은 사람은 이용하지 않으면 된다(이는 필요하든 불필요하든 간에 모든 사람에게 정기적으로 현금을 지급하는 보편적 기본소득과 다르게 보편적 기본서비스가 취하는 여러 가지 방식 중 하나다). 누가 서비스가 필요한지 그리고 어떤 서비스를 제공해야 하는지 판단하는 사람은 각 필요 서비스의 특성에 따라 달라질 수 있다. 적격성은 전문가의 판단, 지역, 나이, 개인의 요청에 따라 또는 그 모든 조합에 따라 달라질 수도 있다. 국가의 역할은 안전하고 공정한 서비스를 받을 수 있는 접근성을 보장하는 것이다.

보편성universality은 국제적이기보다는 국가별로 다르다고 가정해 보자. 그럼 한 국가 내에서 누가 필요를 충족시키는 서비스를 이용할 자격을 가질까? 자격은 시민권이나 거주지 또는 다른 어떤 것에서 생기는 걸까? 선도적인 경제학자인 토니 앳킨슨Tony Atkinson은 주민 참여를 기반으로 자격 개념을 제시했다.[16]

주민 참여란 사회적 기여를 하는 활동으로 광범위하게 정의될 수 있다. 예를 들어 정규직 또는 파트타임 임금노동, 자영업, 교육이나 직업 훈련 또는 적극적인 구직 활동, 아동 또는 노인 또는 장애인을 위한 방문 돌봄 활동, 공인된 협회에서의 정기적인 자원봉사 활동이나 주당 35시간 이내의 다양한 활동 등이 있다.[17] 이는 '사회적 시민권을 여권 소지자가 아니라 주민들의 다양한 정체성과 권리에 기초해 재해석하는 움직임'이다.[18]

어떤 자격 조건이 필요한가

사회적 시민권이라는 제안이 실현되기 위해서는 사회적 시민권을 가질 자격이 있는 모든 사람이 공유하는 다양한 자격 조건이 있어야만 한다. 자격 조건이란 서비스와 수당을 만들고 할당하는 결정에 참여할 정치적 권리뿐만 아니라 성별이나 민족성을 이유로 하는 부당한 대우에서 보호받을 '소극적인' 권리나 자유도 포함한다. 이 같은 권리나 자유는 늘 그렇듯이 법률에 규정돼 있지만 현실에서는 자주 제한을 받는다.

동시에 결정적으로 보편적 기본서비스는 서비스와 자원에 대한 '적극적인' 사회적 권리를 포괄한다. 사회적 권리는 전후 복지국가들을 뒷받침했던 사회적 시민권에 대한 비전과 밀접한 관련이 있다. 사회적 시민권은 사람들이 사회에 온전히 참여하고 자신들의 시민적, 정치적 권리를 실현하는 데 필수적인 수단을 요구할 수 있게 한다. 사회적 시민권은 일부 국가의 헌법에 포함돼 있다. 예를 들어 핀란드 헌법은 노동, 교육, 필수불가결한 최저 생활과 돌봄, 사회보장과 적절한 사회서비스, 보건과 의료 서비스 등에 대한 권리를 비롯한 '경제적, 사회적, 문화적ESC, economics, social and cultural 권리를 보장'하고 있다. 정부 당국은 법에 따라 사회적 시민권을 보장하고 촉진해야 한다.[19] 벨기에 헌법은 "모든 사람은 인간의 존엄성을 지키며 삶을 영위할 권리를 가지고 있다."라고 선언한다. 그리고 대부분의 법과 규제가 '경제적, 사회적, 문화적 권리를 보장'하도록 한다. 이는 공정한 고용과 급여, 의료 서비스, 주거, 사회보장, 건강한 환경의 보장, 문화적이고 사회적인 실현의 권리 등을 포함한다.[20]

이런 종류의 선언은 바람직하다고 합의된agree to be desirable 것을 제시하고 있다. 하지만 헌법에 쓰여 있는 것과 현실 사이에는 종종 상당한 거리가 있다. 잘해야 기준으로 삼는다거나 진보적 정책 입안자, 지역 계획, 사회 운동을 지지한다거나 정치적 행동을 강화하는 데 이바지하는 정도다. 대부분의 사회적 권리 선언이 실천되기 위해서는 법제화를 포함해 더 진전된 사항이 필요하다. 사회적 권리가 실현되기 위해 완벽하게 법으로 성문화돼야 하며 '절차적 권리'라는 강력한 체계를 수반해야 한다. 절차적 권리란 사람들이 공정하고 쉽고 시의적절하고 알맞은 방법으로 자신의 권리를 알고 주장할 수 있게 하는 제도와 규칙이다.[21]

사회적 권리도 정치적 뒷받침이 필요하다. 국가 제도를 통해 설립되고 유지돼야 한다. 또한 그에 맞는 의무와 의무 이행자가 확인되고 잘 이행할 수 있도록 적절한 자원을 제공받고 지원받는 것을 보장해야 한다.

공무원은 무엇을 해야 하는가

보편적 기본서비스의 품질과 범위는 각 서비스에서 변수들이 어떻게 조합되고 상호작용하는지에 달려 있다. 우리는 서로 다른 유형의 조직뿐만 아니라 서로 다른 계약과 자금 지원 방식이 공존하고 서비스 노동자와 서비스 이용자가 서로 다른 상황에 맞게 다양한 역할을 하는 장면을 구상한다. 궁극적으로 국가는 접근의 평등성 보장, 표준의 설정과 시행, 자금의 조성과 투자, 긍정적 영향을 극대화하기 위한 관련 부문 간 기능 조정이라는 네 가지 주요 역할을 유지한다.

이는 '상향식' 정치와 '하향식' 정치 사이에 새로운 동력이 나타나고 공적 기능을 수행하는 기관들의 문화와 관행에 중대한 변화가 나타나고 있음을 시사한다. 공무원들은 폭넓은 참여와 지역적 관리를 장려하고 혁신을 환영하고 다양한 활동을 활성화하고 서비스의 품질을 표준에 맞추기 위한 지역 단체의 노력을 (단순히 감시하는 대신) 적극적으로 지원하고 서로 다른 그룹과 지역 간에 적절한 자원을 공평하게 투자하는 것을 자기 역할로 인식해야 한다. 이것은 단편적인 개혁이 아니라 전체 체계를 바꾸는 일이다.

보편적 기본서비스만의 주요 특징은 무엇인가

보편적 기본서비스는 이러한 모든 복잡성을 고려하면서 맞춤형으로 접근해야 할 필요가 있다. 그러나 그럼에도 지금까지 살펴본 바와 같이 일반적으로 적용되는 분명한 특징들이 있다.

- 민주적으로 선출된 정부가 공동 필요를 충족하기 위한 집단 책임을 이행해야 한다.
- 권한은 (보충성 원리에 따라) 가장 기초적이면서 적절한 층위의 지방정부로 이양돼야 한다.
- 소유와 관리 모델이 서로 다른 조직들이 일련의 시행 가능한 공익적 의무를 공유하면서 서비스를 제공해야 한다.
- 모든 사람이 지불 능력이 아니라 필요에 따라 서비스를 편하고 저렴하게 이용할 수 있어야 한다.

- 주민과 서비스 이용자가 전문가를 비롯한 일선의 서비스 노동자와 긴밀하게 협력해 작업해야 서비스 설계와 제공에서 유의미한 참여를 할 수 있다.
- 공정하고 포용적인 적격성과 자격을 위해 분명한 규칙과 절차가 있어야 한다.
- 국가는 평등한 접근성의 보장, 서비스 품질의 표준 설정과 집행, 자금 조성과 투자, 서비스 부문 간 기능 조정을 해야 한다.

3장

보편적 기본서비스의
장점은 무엇인가

보편적 기본서비스는 복잡하고 도전적일 수 있다. 하지만 평등, 효율성, 연대, 지속가능성이라는 네 가지 관점에서 유익하다. 이번 장에서는 의료 서비스와 학교 교육과 같은 기존 서비스에 대해 분석할 것이다. 그리고 다음 장에서는 우리가 구상하는 새로운 서비스에 대해 분석할 것이다. 그 밖에도 다른 필요 영역을 충족하기 위해 생겨난 단체 활동들이 잘 조직되고 지원받는다면 유사한 효과를 볼 수 있을 것이다.

평등: 소득 불평등을 줄여준다

공공서비스는 최저 소득층에게 훨씬 더 가치 있는 사회임금을 제공해 소득 불평등을 완화한다. 경제협력개발기구 국가들을 대상으로 한 연구에 따르면 빈곤층이 의료 서비스나 교육 등 필수 서비스를 직접 구매할 때 소득의 4분의 3을 써야 하는 것으로 나타났다. 서비스는 소득 불평등을 평균 20퍼센트까지 축소한다.[1] 세계번영연구소GP의 모형을 보면 공공서비스를 교통과 디지털 정보 접근 등과 같은 새로운 영역으로 확장하는 것은 부유층보다 저소득층 가구에 훨씬 더 큰 가치가 있다.[2]

서비스는 개인과 가정이 자신들의 필요를 충족하고 성공할 수 있는 혜택을 준다. 교육을 받음으로써 좀 더 쉽게 일자리를 찾고 돈을 벌 수 있다. 주거와 의료 서비스를 받음으로써 질병으로 인해 장애인이 되거나 돌봄에 의존할 위험이 줄어든다. 대중교통과 인터넷을 쉽게 이용함으로써 직장을 얻고 고립을 피하며 다른 서비스를 이용할 수 있다. 이런 서비스들은 저소득층 가정에 특히 중요하다. 위험과 취약성이 누적되지 않게 차단하는 효과가 있기 때문이다.

이 같은 효과는 단지 개인적 차원에 머물지 않는다. 불평등을 줄이는 것은 사회 전체에 도움이 된다. 윌킨슨Wilkinson과 피켓Pickett

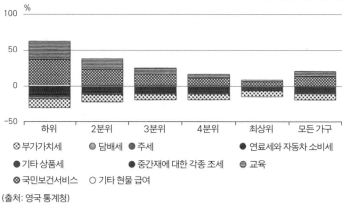

〈그림 3.1〉 영국: 5분위 그룹별 처분가능소득 대비 간접세와 현물 급여

(2017년 말 기준 모든 가구)

- ⊗ 부가가치세
- ◉ 담배세 ● 주세
- ● 연료세와 자동차 소비세
- ● 기타 상품세
- ● 중간재에 대한 각종 조세
- ⊜ 교육
- ⊗ 국민보건서비스
- ○ 기타 현물 급여

(출처: 영국 통계청)

이 입증했듯이 불평등이 건강을 비롯한 다양한 사회 문제에 미치는 결과(신체적·정신적 건강, 약물 남용, 교육, 수감, 비만, 사회적 이동성, 신뢰와 공동체 생활, 폭력, 10대 임신, 아동 복지)는 더 불평등한 부유한 국가들에서 훨씬 더 심각하다.[3]

일부 연구들은 공공서비스가 부유층에게 더 유용할 가능성이 있다고 제시했다.[4] 학력이 높고 자신감이 있는 사람들이 자신들에게 필요한 서비스들을 더 쉽게 찾고 이용하리란 것은 이해할 만하다. 그러나 전반적으로 공공서비스가 저소득 가구에 더 많은 혜택을 준다는 확실한 증거가 있다. 2002년 영국의 사회임금 분배 효과에 대한 상세한 분석을 보면 현재까지 20년 이상 지속

적으로 늘어난 서비스들 대부분은 일관되게 빈곤층에게 편중됐음을 보여준다.[5] 〈그림 3.1〉은 영국의 소득 집단 전반에 대한 사회임금의 가치 분포를 나타낸다. 최저소득 가구는 현금 소득보다 더 많은 사회임금을 받는다는 것을 알 수 있다.

그러나 재분배 효과의 정도와 일관성은 보편적 서비스들이 어떻게 설계되고 제공되며 자금을 지원받는지와 상호 간에 어떻게 작용하는지에 따라 달라진다.

효율성: 투입 대비 산출로 보면 안 된다

효율성은 보통 투입inputs 대 산출outputs의 비율로 측정된다. 투입 단위당 유용한 산출량이 많을수록 프로세스가 더 효율적이라고 여겨진다. 공공 정책에서 투입은 정부 규제뿐만 아니라 돈이나 노동과 같은 자원의 비용을 뜻한다. '산출'은 법률의 이행, 특정한 이전지출,* 사회적 돌봄, 임상 처치와 같은 서비스의 제공

---

* 이전지출은 정부가 아무런 대가 없이 지급하는 소득이전이다. 개인에게는 실업수당, 재난지원금, 노령이나 질병 등에 대한 사회보장급여 등의 명목으로 지급된다. 기업이나 단체에는 각종 보조금 등의 형태로 지급된다.

을 말한다. '결과Outcomes'는 개인(예: 빈곤, 사망률) 또는 사회적 분배 (예: 불평등 수준)에 대한 광범위하고 장기적인 영향을 의미한다.[6] 결과는 서비스가 상호작용하는 방법은 물론이고 매우 다양한 사회적, 문화적, 경제적 조건에 따라 영향을 받는다. 이 같은 복잡성을 고려하면 공공 부문의 효율성을 측정하는 일은 대체로 복잡하며 논쟁의 여지가 있다.

공공서비스는 종종 비효율적이라는 비난을 받아왔다. 시장 이론가들은 비효율성이 경쟁의 부재와 관료와 관련 업계의 기득권 때문이라고 주장했다. 이러한 단점은 1980년대부터 공공서비스에 시장 원리의 도입을 정당화하는 데 활용됐다. 그러나 서비스 제공자들 간의 경쟁, 서비스 이용자인 고객의 선택권, 성공을 측정하는 전통적 기준인 비용-효율성은 결과는 말할 것도 없이 산출을 개선하는 데 크게 실패했다. 이러한 실패는 단순히 투입을 줄이는 것이 효율성을 높인다는 생각에 근거한 결정과 함께 공공지출이 삭감되면서 더욱 악화됐다. 준시장quasi-marketplace*에서 경쟁하기 위해 직원을 줄이거나 업무량을 늘려 '더 적은 돈으로 더

---

* 준시장은 전통적인 시장보다 형평성, 접근성, 안정성을 유지하면서 조직적으로 감독받고 관리되는 시장이다. 준시장은 많은 공급자가 경쟁한다는 면에서는 시장적이지만 공급자들이 이윤의 극대화를 추구하지 않는다는 면에서 비시장적이다.

많이' 얻는 것은 대부분 자멸하는 길임이 판명됐다.[7]

공공서비스에 시장 프로세스를 적용하면 산출 비효율성이 생길 수 있다. 수의계약은 융통성이 없고 공공기관이 서비스를 개선하고 변화하는 수요에 대응하는 권한을 제한하는 경향이 있다.[8] 특히 영리 목적의 기업은 주주들에게 배당금을 지급하기 위한 자금을 빼낸다. 그러다 보니 종종 소비자와 제공자 모두 더 많은 거래 비용을 부담해야 한다. 공공 부문 조직은 경쟁적인 상업 조직과는 다른 방식으로 비용을 절감할 수 있다. 예를 들어 행정, 구매, 연구 등과 같은 기능을 공유해 중복을 방지하고 공동의 목표를 달성하기 위해 협력한다.[9] 시장에서 이윤 추구 욕구가 불평등한 지식과 결합할 때 도덕적 해이가 생긴다. 예를 들어 민간 의료 서비스 사업자는 이윤을 추구하려고 과잉 진료를 할 수 있다. 반면에 환자들은 이를 올바로 판단할 만한 정보가 거의 없다.[10]

결과 효율성 관점에서 보면 많은 서비스 분야에서 시장 기반 시스템보다는 공공시스템이 이점이 더 많다. 집단 활동이 공익에 기여하고 공공자금을 지원받고 민주적인 제도를 공유하면 적어도 이론상으로 서로 유익한 방법으로 상호작용할 수 있다. 공공기관이 그렇게 되도록 조정할 수 있다. 학교를 예를 들면 건강한 식사와 활발한 활동을 장려해 아동들을 더욱 건강하게 만들 수 있다. 또 다른 사례로 버스 서비스는 사람들이 직장을 다닐 수 있게 하고, 아동 돌봄 서비스의 질을 높이면 아동이 초등교육에서 더 많은 것을 얻을 수 있다.

효율성: 인간 삶의 번영이 기준이 된다

공공서비스의 효율성에 대해서는 신뢰할 만한 연구가 별로 없다. 대부분의 연구는 의료 서비스와 비용-효율성에 초점을 맞추고 있다. 2016년의 한 연구는 경제협력개발기구 국가들의 의료 서비스 지출과 평균 기대수명을 비교했다. 2014년 기준 영국의 1인당 의료 서비스 지출은 연간 2,777파운드인 것에 비해 주로 시장 기반 체계인 미국의 1인당 의료 서비스 지출은 영국보다 연간 6,311파운드가 더 많았다. 하지만 출생 시 평균 기대수명은 영국이 81.4세, 미국이 78.8세였다.[11]

다른 연구들에서 영국이 다른 유럽 국가들보다 국내총생산 대비 의료비 지출이 더 적은 반면에 국민보건서비스는 세계에서 효율적이고 비용-효과적인 의료 서비스 제도 중 하나라는 것이

밝혀졌다.[12]

좁은 관점에서 산출의 효율성을 평가하면 산술적 계산은 가치의 다양한 차원, 곧 가치가 경험되고 누적되는 다양한 방식을 간과한다. '사회투자수익률social return on investment(SROI)*' 개념은 지난 10년 동안 발전돼왔다. 영국 정부는 2012년에 제정된 「사회적 가치법Social Value Act」에 이 개념을 채택했다. 이에 따라 공공서비스 위원들은 '관련 분야의 사회적, 경제적, 환경적 건강과 복지를 개선'하는 방법을 고려해야 한다.[13]

서비스 효율성 평가에 사회적 가치 분석을 적용하는 것은 단기적인 직접 효과뿐만 아니라 장기적인 간접 효과 역시 고려한다는 것을 의미한다. 하지만 시장 기반 체계에는 잘 맞지 않는다. 예를 들어 병이 들거나 나이가 들어서 거동이 불편한 분들에게 식사 배달을 하면서 대화까지 나눈다면 사회적 고립감을 줄이고 행복감을 높일 수 있을 것이다. 하지만 직원들이 일하는 시간이 늘어나 비용도 올라갈 것이다. 주말에 학교를 주민센터로 이용하면 지역 주민들이 함께 모여 다양한 방법으로 서로 도울 기회

---

* 사회투자수익률은 투자수익률Return of Investment에 사회Social를 더한 합성어로 기업의 다양한 가치를 측정하는 분석틀이다. 전통적인 재무제표에 반영되지 않는 사회적, 경제적, 환경적 요소를 포함한다.

가 늘어나 장기적으로 긍정적 효과를 얻을 수 있다. 하지만 학교 예산은 부족해질 것이다.

어떤 형태의 사회적 가치든 간에 축적되려면 몇 년이 걸리는 데다 당장 눈앞에 보이는 이익도 없다. 사회적 가치가 축적되는 방식으로 인해 종종 최초로 투자한 조직은 배당금을 챙길 수가 없다. 그렇기는 해도 시간이 지남에 따라 상당한 투자 수익을 낼 수 있다. 측정하기 어려워서 일상적으로 간과되는 것이지 가치가 없는 것은 아니기 때문이다.

효율성을 평가하는 전통적인 방식과 전체 체계와 인간관계에 기반한 가치관 사이는 단절돼 있다. 많은 사람이 국가 발전의 지표로서 그리고 비용-효율성 회계의 표준으로서 경제성장률의 권위에 도전하고 있다. 일부 국가들은 국내총생산GDP과 함께 국가 발전을 나타내는 지표로서 인간의 복지를 측정해오고 있다. P2P 재단의 설립자인 미셸 바우웬스Michel Bauwens는 "몇 사람을 부유하게 하기 위해 나머지를 희생하여" '추출하는' 활동을 보상하는 대신에 사회와 환경 자원을 풍요롭게 하는 '생성적인' 활동을 보상하는 중대한 '가치 변화'를 촉구한다.[14] 이러한 관점에서 지역 자산을 회복하고 지구 경계를 보호하며 인간 번영을 도모하는 결과를 어디까지 이끌고 갈 수 있는가로 보편적 기본서비스의 효율성을 가장 잘 평가할 수 있을 것이다.

연대: 공감과 책임의식이 높아진다

공동 필요와 집단 책임의 개념은 연대 사상을 구현한다. 보편적 기본서비스를 실행하면 연대를 끌어내고 강화할 수 있다. 연대는 상호 지원하는 사람들 사이의 공감과 책임을 의미한다. 연대는 잘 알고 있는 집단 내에서뿐만 아니라 결정적으로 서로 '낯선' 사람들과 집단들 사이에서 나타나는 포용적인 과정이다. 공동의 목표를 향한 집단행동과도 연관된다.[15]

보편적 기본서비스가 달성되기 위해서는 인간이 혼자서는 대처할 수 없는 위험과 문제에 대응하기 위해 자원을 공유하고 함께 행동하는 집단적 정책과 실행이 필요하다. 자신만을 돌보면서 자기 이익만을 추구하는 개인이나 집단은 이룰 수 없는 것이다. 뒤르켐이 언급했듯이 사회는 즉흥적으로 협력을 일으키는 고립된 선택들이 아니라 상호 간의 관심과 배려를 통해 건설된다.[16]

이러한 신념은 유럽연합의 오랜 목표인 경제적, 사회적 결속cohesion을 반영한다. 이는 '모든 사회 구성원이 보편적 혜택과 보호라는 서비스를 받을 수 있도록 보장하기 위해 내부의 연대와 상호 지원이라는 가치에 대한 책무'와 시장경제를 결합하는 것을 의미한다.[17] 특히 위기의 시기에는 시장 세력의 이해관계로 인해 연대가 저해될 수 있다. 하지만 이 같은 가치에 대한 책무는 유럽연합 전체에 걸쳐 빈곤한 지역에 자금을 재분배하고 평등을 촉진하는 주요 프로그램을 뒷받침하고 있다.

더 많은 양질의 공공서비스라는 목표를 추구하는 것은 연대를 필요로 할 뿐만 아니라 다음과 같은 세 가지 면에서 연대에 기여한다. 첫째, 공동 필요와 집단 책임의 경험을 발전시킨다. 그럼으로써 사람들이 서로 어떻게 의존하는지에 대한 이해와 상호 연계를 유지하려는 책임을 갖게 된다. 둘째, 서로 다른 사회 집단에 속한 사람들을 함께 어울리게 한다. 사람들은 서로 공감과 책임감을 기를 기회를 얻을 수 있다. 셋째, 더 많은 양질의 서비스를 결합하면 연대를 가로막는 불평등을 완화하는 효과가 있다. 결과적으로 사회 전체에 편익과 재분배 효과가 나타난다.

일부 사람들은 복지국가와 복지국가가 하는 공공서비스가 비공식적인 돌봄 네트워크, 상호 신뢰, 사회적 규범 등의 성장을 억제함으로써 시민적 책무와 신뢰성에 도움이 되는 사회적 자본social capital의 형성을 '방해'한다고 주장한다. 그러나 이 같은 위험은 공공서비스가 존재하기 때문에 나타나는 것이 아니다. 공공서비스가 어떻게 작동하는지, 즉 누구의 이해를 위해 누구의 관리하에 어떤 성과를 내는지 등에 달려 있다. 그 증거로서 북유럽식 복지제도를 들 수 있다. 더 많은 보편적 서비스와 더 강력한 집단정신이 존재하며 사회적 자본의 유대와 연결의 수준을 낮추기보다는 더 높이려는 경향을 보여준다.[18]

연대와 공공서비스에 대한 많은 증거와 논평은 "개인적인 이해타산이 어떻게 상호 필요에 대한 집단적 이해와 인식을 퇴색하게 하는지"에 초점을 맞추고 있다.[19] 리처드 티트머스Richard Titmuss는 시장 원리에 기반한 헌혈 서비스가 자발적인 기부에 기반한 집단 헌혈보다 덜 효과적일 수 있다는 것을 입증한 것으로 유명하다.[20]

많이 인용되는 또 다른 사례가 있다. 돌봄 직원이 아이들을 늦게 데려가는 부모들에게 벌금을 부과하기로 했다. 그러자 오히려 부모들이 늦게 데려가는 일이 늘어났다. 부모들은 '돈을 지불하면 된다.'라고 생각했기 때문이다.[21] 개인주의, 선택, 경쟁에 기반한 제도들이 사회적 시민권의 가치를 약화하고 연대를 저해하는 방식임을 증명한 문헌들은 많이 있다.[22]

지속가능성: 지속 역량으로 작동한다

지속가능성은 가장 단순하게는 내재적인 '지속을 위한 역량' 과 관련된다.[23] 지속가능성은 시간이 지남에 따라 원하는 목표를 지속해서 달성하는 방식으로 운영되는 체계를 시사한다. 보편적 기본서비스는 환경과 생태계 파괴의 방지, 경제 안정화, 기후 변화와 천연자원의 고갈 완화를 통해 지속가능성에 긍정적인 영향을 미칠 수 있다.

사회적, 경제적, 환경적 피해를 일으키는 1차 원인을 다루는 조치의 중요성은 아무리 과장해도 지나치지 않다. 이 같은 피해를 예방하기 위한 행동에 나서지 않는 것은 윤리적으로나 현실적으로 정당화될 수 없다. 위기나 재난을 당했을 때의 비참함은 물론이고 대처하는 데도 막대한 비용이 들기 때문이다. 예방 서비스는 사람들이 잘 지내고 번창하도록 돕고 또한 의료 서비스를 비롯한 다양한 종류의 서비스의 수요를 줄일 수 있다. 예를 들어 실업, 반사회적 행동, 많은 형태의 범죄는 가난과 박탈감에 뿌리를 두고 있다. 그런 점에서 좀 더 관대한 '사회임금'은 이 같은 폐해를 크게 줄일 수 있다.[24]

그러나 역설적이게도 모든 사람이 예방의 잠재적인 이점은 인정하면서도 우선시하는 경우는 거의 없다. 대부분 공공서비스는 상호 관련 없이 각각 고립적으로 운영된다. 대개는 '1차 원인에서 비롯된 파생 효과'로 인한 다양한 필요와 폐해를 모면하는 정도로만 서비스를 유지하고 있다. 우리가 주목한 바와 같이 성공 측정 과정에서 장기적 효과나 한 부서의 투자가 다른 부서에 가져다주는 간접적인 편익들이 종종 간과된다. 이 관점을 바꾸기 위해서는 공공 정책을 철저하게 정비할 필요가 있다.

예방을 위한 기본 토대는 두 가지가 있다. 첫째, 인과관계에 대한 과학적 이해와 예측 가능성이다. 둘째, 사회생활에서 정부 개입을 조정하는 능력이다.[25] 따라서 과거에 실패했을지라도 효과적인 예방을 위해서는 공적 개입의 역할이 좀 더 확장적이고 통합적이어야 한다. 보편적 기본서비스는 이를 위한 중요한 구성요소다.

경제적 측면에서 보면 공공서비스는 비교적 안정적인 일자리를 창출해 경기 변동을 안정화하는 데 도움이 될 수 있다. 공공서비스는 정부지출 삭감에는 취약한 반면에 시장 침체와는 직접적 관계가 없다. 공공 부문 기관뿐만이 아니다. 보편적 기본서비스라는 관점에서 볼 때 공동 필요를 채우는 집단행동의 수단이 되는 비정부기구들도 해당된다.

비정부기구는 '사회 혁신, 연대, 사회적 투자를 위한 동력'으로서 고용 연대를 지원하는 장려 정책 체계를 갖춘 '사회적 경제social economy'의 한 부분이라고 볼 수 있다.[26] 위기 시에 노동자들은 집단적인 고용 보장을 위해 임금 상승을 기꺼이 포기하려고 한다. 비정부기구는 협력 관계에 있는 공공 부문 기관들과 함께 경기에 대응하는 완충 역할을 맡는다. 이로써 시장 침체와 불황의 영향을 상쇄하고 경제의 '지속력'에 기여한다.

인류의 번영에 대한 가장 심각한 위협은 기후 위기와 극심한 환경 스트레스다. 환경적 지속가능성이라는 전체 체계는 예방 또는 이른바 '완화'를 전제로 한다. 앞으로 예상되는 지구 온난화를 지금 예방할 수는 없기 때문이다. 환경적 지속가능성은 보편적 기본서비스에 강력한 정당성을 부여한다.

더 많은 양질의 공공서비스를 향한 움직임은 시장 기반 체계보다 더 환경적으로 지속가능하다는 것을 증명할 것이다. 첫째로, 보편적 기본서비스는 지구위험한계선 내에서 경제 성장에 대한 집착을 벗어나 인류의 건강과 복지에 관한 관심으로 전체경제를 전환하는 데 중요한 역할을 할 수 있다. 공적 공급 시스템이 시장 시스템보다 더 나은 것은 지속가능한 소비를 권장하며 자전거 타기나 걷기 등 활동적인 여행, 자원 효율 건축, 로컬푸드 조달과 같은 지속가능한 실천을 조직화하고 국가적인 온실가스 감축 전략을 실행할 수 있기 때문이다. 공공 부문 조직들은 공익적 가치를 공유하기 때문에 정부 지침을 더 잘 따를 것이다. 공공기관이 비정부 협력사 또는 하도급업체와 협력할 때는 더 광범위한 범위의 기관에까지 지속가능한 실천을 확산할 수 있다.

집단으로 제공되는 서비스가 민간 서비스보다 생태 발자국ecological footprint을 덜 남긴다는 증거가 있다. 예를 들어 미국 의료 서비스 제도는 온실가스 배출량의 8퍼센트를 직접 배출하는 반면에 영국 국민보건서비스는 3퍼센트만 직접 배출한다. 영국의 의료 서비스는 미국의 의료 서비스보다 전체적인 효율성은 더 크고 지출액은 더 적어서 파운드 또는 달러 지출당 배출량이 더 적기 때문이다. 이는 더 나은 자원 배분과 조달 관행의 결과라고 생각된다.[27] 또한 더 광범위한 서비스를 제공하는 복지국가 특히 공동 필요와 집단 책임에 대한 아이디어를 실현하는 복지국가가 일반적으로 친환경 정책을 채택하고 시행하는 것에 더 적합하다는 증거들이 있다.[28]

공공서비스는 그 자체로 환경과 기후에 중요한 예방 기능을 한다. 허리케인 카트리나가 루이지애나주(1,500명 이상 사망)에서 주로 빈곤층과 흑인 인구에 미친 영향은 쿠바(2명 사망)에 미친 영향과 대조적이다. 기후 관련 위험을 다루는 데 집단정신과 서비스의 중요성을 보여주었다.

마지막으로 공공서비스는 지속가능한 정책이 사회적으로 정당하다는 것을 확인하는 데 중요한 역할을 한다. 예를 들어 영국에서 그린 뉴딜Green New Deal 정책의 하나로 방대한 규모의 친환경적 주택 개축 계획이 제시됐다. 이 계획은 공공의 계획, 자금 조달, 관리가 필요하다.[29] 만약 정부가 서비스의 범위를 효과적으로 조정한다면 기후 정책의 퇴행적 효과(에너지 가격 인상 등)를 막고 지속가능한 삶에 '적합한 전환'을 확실히 할 것이다.

기본소득과 보편적 기본서비스를 비교해보자

더 많은 양질의 공공서비스는 모든 사람에게 생계소득을 보장하는 더 관대하고 덜 조건적이며 낙인을 찍지 않는 사회보장제도와 결합해야 한다. 이 둘이 어떻게 최선의 결합을 이룰 수 있을지에 대해 질문을 제기할 수 있다. 공공자금은 꽤 크게 늘릴 수 있다고 주장하기도 한다. 하지만 현금 지급에 할당된 돈과 공공서비스에 할당된 돈은 상충 관계에 있다. 문제는 서비스 개선과 확대에 쓰일 자금을 현금 지급을 위한 예산으로 돌려서 쓰게 되는 상황이다.

보편적 기본소득UBI 또는 기본소득BI으로 불리는 현금 지급 제도에 찬성하는 사람들은 모든 개인에게 기본 수준 또는 그와 비슷한 수준에서 충분히 생활할 수 있도록 현금을 정기적으로 무조건 지급할 것을 요구한다. 이때의 현금 지급은 어느 나라에서나 빈곤선 또는 그와 비슷한 수준으로 결정된다.

최근 국제노동기구ILO는 130개국을 대상으로 비슷한 기준으로 정의한 현금 지급 제도의 비용을 계산했는데 '세계 대부분 지역에서 평균 비용은 국내총생산의 20~30퍼센트' 수준이라는 결과가 나왔다. 우리가 볼 때 이 비율은 현금 지급이 보편적 기본서비스와 재정적으로 양립할 수 있는 한계치를 크게 초과한 것이다.

게다가 현금 배분은 공동 필요를 충족하기 위한 집단 책임의 이행과는 관련이 없다. 개인에게 각자 필요로 하는(또는 원하는) 것을 살 수 있도록 돈을 주는 것이다. 시장 기반의 소비 지원 제도는 자유시장의 산물인 빈곤, 불안정 고용, 불평등과 같은 문제를 해결하는 데 적합하지 않다. 보편적 기본소득 또는 기본소득을 옹호하는 사람들 중 일부는 현금 지급을 공공서비스에 대한 하나의 대안으로 생각한다. 그래서 공공서비스를 시장에서 다시 상품으로 만들 방안으로 보고 있다. 좀 더 진보적인 지지자들은 대체로 현금 지급이 공공서비스라는 강력한 체제로 뒷받침돼야 한다는 것을 인정한다. 하지만 충분한 현금 지급과 사회임금의 개선과 확대를 위한 야심 찬 프로그램을 시행할 수 있는 재원 조달 방법은 어디에서도 설명하지 않는다. 충분한 현금 지급과 저렴한 공공서비스가 동시에 가능한 방법도 마찬가지로 찾아볼 수 없다.

여기에서 보편적 기본소득이나 기본소득에 대해 상세한 논의를 할 여유는 없다. 다만 (위에서 요약된) 평등, 효율성, 연대, 지속가능성이라는 네 가지 관점에서 기본소득 주창자들이 주장하는 현금 지급 접근법을 보편적 기본서비스와 간단하게 비교하고자 한다. 기본소득이라는 용어는 기술하는 사람들마다 서로 다른 설명과 의미를 부여하거나 통용하여 쓴다. 우리는 간단히 '보편적 기본소득'이라는 표현을 사용하고자 한다.

평등

현금 지급 제도는 가진 것이 거의 없거나 또는 하나도 없는 사람들의 생활 수준을 적어도 조금은 개선할 수 있을 것이다. 그러나 현금 지급만으로는 불평등을 완화할 수 없다. 국제노동기구가 관찰한 바에 따르면 현금 지급은 '불평등한 1차 소득 분배를 시정하기 위한 독자적 해결책'이 결코 될 수 없다. 사람들은 지급된 현금으로는 구매할 수 없는 다양한 사회적, 물적 자원에 대한 권한과 접근권이 필요하다. 국제노동기구는 이러한 광범위한 요소들을 고려하는 일관된 정책 체계가 없으면 "보편적 기본소득은 불평등을 악화할 수 있다."라고 언급한다.[31] 최소한의 빈곤 구제로는 안 된다. 충분한 보편적 기본소득을 위한 자금 지원과 사회 정의를 실현하는 모든 공공서비스를 위한 자금 지원이 양립하는 시나리오는 가능하지 않다. 어느 나라에서든 재정 투입의 균형이 서비스에서 현금 지급으로 기울면 사회임금의 가치가 하락하고 가난한 사람들이 가장 크게 타격을 입는다.

효율성

만일 보편적 기본소득 제도가 자산조사에 기반한 모든 급여를 대체한다면 소득 지원에 따른 행정상의 노력을 줄이고 간소화할 수 있다고 주장한다. 그러나 대부분의 보편적 기본소득 주창자들이 인정하듯이 신체적 또는 정신적 장애가 있는 사람들을 위해 일정한 조건부 지급을 추가해야 한다. 동시에 고소득자에 대한 지급금의 일부 또는 전부를 환수하기 위해 세제도 정비해야 한다. 한 비평가는 작고 저렴한 보편적 기본소득이란 '작은 수레를 끌고 가는 강력한 새로운 세금 엔진'을 상상하는 것이라고 표현했다.[32] 보편적 기본소득이 현재 상황보다 더 효율적이라고 보기는 어렵다. 분명한 것은 공공서비스가 같은 목표를 더 효과적으로 달성할 수 있는지에 대한 제대로 된 평가 없이 현금이전을 인상해서는 안 된다는 것이다.

보편적 기본소득 제도가 소득 지원뿐만 아니라 공공서비스를 대체할 경우 사람들은 예상치 못한 곤경에 빠지면 스스로 문제를 해결해야 한다. 시장 기반의 제도는 공동 필요를 충족하는 데 집단 서비스보다 효율적이지 않다. 거래 비용이 많이 들고 도덕적 해이의 위험이 더 크고 이윤을 추구하기 때문이다. 보편적 기본소득 제도하에서 사람들이 현금을 받아서 시장을 통해 필수 서비스를 이용하려면 훨씬 더 많이 지출해야 할 것이다.* 시장은 이익 추구를 위해 비싸게 팔 것이기 때문이다.

---

* 예를 들어 서비스 이용자가 100만 원의 가치가 있는 필수 서비스를 필요로 한다고 가정하자. 이런 서비스가 보편적 기본서비스로 공급되면 서비스 이용자는 100만 원의 공공서비스를 받으면 된다. 반면에 보편적 기본소득 제도하에서는 서비스 이용자가 100만 원의 기본소득으로 100만 원의 가치가 있는 필수 서비스를 이용할 수 없다. 왜냐하면 같은 서비스를 시장에 내놓는 영리기업은 일정한 이윤을 추구하므로 서비스의 시장가격이 '100만 원+기업의 이윤'이 되기 때문이다. 따라서 보편적 기본소득 제도하에서 서비스 이용자는 보편적 기본서비스로 공급되는 동일한 가치의 서비스를 시장에서 구입하기 위해 더 많은 돈을 지불해야 한다.

연대

개인에게 원하는 대로 쓸 수 있도록 돈을 지급하는 것은 사람들을 하나로 모으거나 공동의 목적의식을 형성하는 데 아무런 도움이 되지 않는다. 오히려 개인을 선택과 경쟁을 통해 강화되는 시장 체계에 밀어넣는다. 이는 공공서비스와 관련된 관계를 약화하고 공동 이익과 집단 책임의 정신을 무너트린다. 벨기에의 급진작가 겸 분석가인 프랑신 메스트룀Francine Mestrum은 기본소득은 일련의 공동 문제들에 대한 개인주의자들의 해결책이며 '진보주의자는 연대와 상호주의와 집단행동에 기반한 다른 해결책을 찾을 것이다.'라고 말한다.[33]

지속가능성

미국의 민주적공동체기금Fund for Democratic Communities의 설립자인 에드 휫필드Ed Whitfield는 기본소득의 보장은 "생산을 조직화하는 방법은 전혀 바꾸지 않은 채 사람들이 소비만 더 많이 하도록 지원할 뿐이다."라고 주장한다.[34] 기본소득 제도는 소비 패턴을 바꾸지도 못하고 자원의 지속가능한 사용을 권장하지도 못한다. 또한 지방정부 또는 국가 차원에서 기후 변화를 완화하기 위해 공동으로 해결하는 환경도 조성하지 못한다. 현금 지급은 기아는 막을 수 있다. 하지만 시간을 두고 기아 문제를 전략적으로 예방할 방법을 제안할 수 없고 사회적, 경제적, 환경적 측면에서 '지속력'을 기를 수도 없다.

　요컨대 보편적 기본소득과 보편적 기본서비스는 자연스럽게 같이 추진할 수 있는 짝이 아니다. 두 제도가 이념적으로 대립하며 저렴하면서 동시에 충분할 수는 없기 때문이다. 평등, 효율성, 연대, 지속가능성의 특성이 있는 보편적 기본서비스가 정책적 우선순위가 돼야 한다. 그리고 이와 양립할 수 있는 사회보장제도의 개혁 방안을 찾아야 할 것이다.

4장

보편적 기본서비스의 시작
: 돌봄 서비스

의료 서비스와 학교 교육에서
교훈을 얻고 배우자

부유한 국가들은 때로 완벽하다고 할 수 없고 각자 방법도 다르지만 보편적 기본서비스의 원칙(공동 필요를 충족하기 위한 집단 책임의 이행)을 이미 의료 서비스와 학교 교육에 적용하고 있다. 우리는 이 장에서 이 원리가 다른 필요 영역에 어떻게 적용될 수 있는지에 초점을 맞추고자 한다. 하지만 의료 서비스와 학교 교육에서 배워야 할 중요한 교훈이 두 가지 있다.

첫 번째 교훈은 주로 국민보건서비스에서 얻은 것인데 의료 서비스가 건강이 나빠지는 근본적인 원인에 초점을 맞추지 못하고 있다는 점이다. 건강은 우리의 기본적 필요이고 의료 서비스는 그 필요를 충족하는 한 가지 방법일 뿐이다. 당뇨병, 다양한 종류의 암, 폐 질환, 심장병과 같은 대부분의 장기적인 건강 질환들은 예방할 수 있다. 그런데도 결국 의료 서비스 비용의 주요 원인이 되고 있다. 이러한 질환들의 원인과 예방 조치에 관한 입증 자료는 부족하지 않다. 하지만 주거, 교육, 식이요법, 운동, 대기질, 고용 조건, 빈곤, 무기력 등과 같은 대부분의 원인과 예방 조치는 국민보건서비스의 소관을 훨씬 넘어선다.

사람들이 질병을 예방하고 건강하게 지내기 위해서는 자원을 지원하고 국민보건서비스의 차원을 넘는 서비스들과 그 밖의 집단 활동들을 조정하는 것에 더 확고하게 정책의 초점을 맞춰야 한다. 그 목표는 더 많은 의료 서비스가 아니라 더 건강한 인구여야 한다.

두 번째 교훈은 주로 교육 부문에서 비롯되는 것인데 집단 책임보다 선택과 경쟁을 더 우선할 위험이 있다는 점이다. 교육은 건강을 결정하는 중요한 요소이다. 또한 우리 모두의 공동 필요를 충족하기 위한 중요한 기반을 제공한다. 모든 사람이 동등하게 교육을 받을 수 있어야 한다. 이는 획일성을 추구하라는 것이 아니다. 모든 사람이 비슷한 수준의 교육을 받을 수 있고 누구도 뒤처지지 않아야 한다는 것을 의미한다.

이에 따라 개인이 학비를 부담하는 학교에 세금 감면 형태로 공공보조금을 지급하는 것이 과연 타당한지 질문해야 한다. 지방정부의 민주적 규제를 받지 않고 운영되는 아카데미와 이른바 '자유' 학교의 확산이 바람직한지,* 학생들을 계급과 종교와 민족으로 분류하는 입학 기준과 통학 범위 기준 등이 정당한지에 관해 의문을 제기하는 것이다. 보편적 기본서비스가 공동 필요를 충족하기 위해 집단 책임을 이행하는 것을 의미한다면 몇몇 부모들의 선호나 바람으로 인해 다른 부모들의 필요를 충족하는 것이 어려워져서는 안 된다.

보편적 기본서비스를 시작하기 위해서는 의료 서비스, 교육, 치안 유지와 같이 (현실에서 항상 그렇지는 않지만 이론적으로는) 이미 보편적이면서 무상으로 시행되는 서비스의 근본적인 개선을 아젠더에 포함해야 한다. 그 밖에 집단 대응을 통해 필요가 충족돼야 하는 새로운 분야까지 확장하는 것이 우리의 목표다. 이제

---

* 아카데미academy와 자유 학교free school는 영국의 교육 개혁을 대표하는 두 유형의 학교이며 교육에 시장 원리를 도입한 것으로 평가받는다. 두 유형의 학교 모두 국가에서 재정 지원을 받는 무상 학교이며 지방정부의 관리를 받지 않고 독립적으로 운영된다. 아카데미는 2000년에 도입됐고 자유 학교는 2011년부터 시작됐다. 민간기업이나 대학이나 자선단체에서도 설립할 수 있다.

아동 돌봄과 성인 사회적 돌봄에 대해 살펴보고자 한다. 많은 국가가 이와 관련한 무료 서비스를 시행하고 있다. 하지만 모든 사람의 필요를 충족하기에는 충분하지 않다. 다음 장에서는 돌봄 분야를 넘어 주거, 교통, 디지털 정보 접근권 등으로 확장하여 다룰 것이다.

공공서비스의 공급과 이용에는 단일한 공식이 없다는 점을 잊지 말자. 각 서비스는 지불 능력이 아니라 필요에 따라 누구나 이용할 수 있어야 한다. 일부 서비스들은 이용 시점에서 모든 사람이 무료로 이용할 수 있다. 기타 서비스들은 주요 요건이 무료 제공이 아니라 이용 가능한 자격일 수 있다. 이 지점에서 집단적 자금 지원이라는 확고한 원리를 구상하게 된다. 바로 이용자들을 위한 저렴한 요금과 모든 사람이 서비스를 이용할 수 있도록 사용료의 부분 또는 완전 면제를 병행하는 것이다. 우리의 구상은 특히 잘 알려진 자산조사의 문제점들 때문에 이상적이지 않을 수는 있다. 하지만 근본적이면서도 실용적이길 원한다. 그래서 서비스 공급의 역사와 정치는 물론 각 필요 영역의 특성과 충족 방법을 고려하고 가능한 한 현실에서 검증된 모델들에 기반하여 구상하고자 한다.

'아동 돌봄'은 조기 교육이자
집단 책임으로 해야 한다

교육, 어린이 안전, 그리고 노동은 첫 장에서 열거한 '충족돼야 하는' 기본적 필요에 속한다. 아동 돌봄 서비스는[1] 취학 전 연령대 아동들에 대한 조기 교육과 돌봄 서비스를 제공해 부모들이 직장생활을 할 수 있게 돕는다. 아동 돌봄은 집단 책임을 이행해야만 모두를 충족할 수 있는 공동 필요다. 가난한 아이들과 가족들은 부유한 사람들보다 아동 돌봄 서비스를 통해 더 많은 것을 얻을 수 있다. 아동 돌봄 서비스가 없다면 더욱 불리해질 수밖에 없다.[2] 따라서 아동 돌봄 서비스는 보편적 기본서비스의 범위에 정확하게 해당된다.

전 세계 많은 국가가 잘 발달된 아동 돌봄 제도를 시행하고 있다. 일부 국가들이 영국처럼 처음에는 여성 노동력을 확보하기 위한 목적으로 시행했다면 미국과 그 밖에 다른 국가들은 주로 아동기의 불리한 조건을 보상하기 위한 목적으로 시행했다. 노르웨이는 취학 전 아동에 대한 조기 교육과 돌봄을 중시하는 오랜 교육적 전통을 갖고 있다. 1999~2008년에 뉴질랜드는 조기 아동교육 정책을 '아동, 가족, 지역사회를 포괄하는 광범위하고 총체적인 개념'으로 발전시켜 '도로 건설과 같은 기반시설에 대한 투자'로 인정했다.[3] 거의 모든 국가가 충분한 양질의 아동 돌봄 서비스를 보편적으로 이용할 수 있도록 보장하는 정책을 시도하고 있다.

아동 돌봄 서비스의 품질 유지를 어떻게 할 것인가

아동 돌봄 서비스의 질을 결정하는 요소에는 직원의 훈련과 자질, 직원 대비 아동의 비율(일반적으로 낮을수록 좋다), 사회적·민족적 배경이 다른 아동들의 알맞은 배치, 적절하게 따뜻하고 지속적인 아동과 직원의 관계, 아동 돌봄 센터의 관리에 있어 부모의 참여, 부모의 직장 생활에 맞춘 개원 시간 등이 있다.

노르웨이는 아동 돌봄과 관련된 거의 모든 측면에서 바람직한 모범 사례다. 우수한 아동 돌봄 인력들이 있고 아동 대비 직원의 비율이 상대적으로 높다. 또한 아동들은 만 0세부터 5세가 될 때까지 같은 유치원에 다닐 수 있어 안정적이고 통합적으로 돌봄 서비스를 받을 수 있다.* 노르웨이의 유치원은 '모든 아동을 위한

---

* 노르웨이는 1975년에 「유치원법Kindergarten Act」을 제정하고 보육 기관과 유아교육을 통합해 아동 돌봄 기관의 이용을 영유아의 권리로 명시했다. 유치원은 만 0~5세 아동을 대상으로 하며 노르웨이 통계청에 따르면 2020년 기준 만 1~5세 아동의 92.8퍼센트가 유치원에 다니고 있고 전체 유치원 가운데 공립 유치원의 비중은 47퍼센트다.

장소에 대한 법적 보장과 전반적으로 저렴하면서 소득에 비례하는 보육료'를 겸비한 시스템이다.

대부분 국가에서 아동 돌봄 서비스는 영리기관, 공익단체, 자원봉사단체들이 제공한다. 영리를 추구하는 공급자의 역할은 자원을 '직원 임금과 그 밖에 서비스 품질을 높이기 위해 투자하기보다 주주들에게 유용'하는 것이다. 그러다 보니 서비스의 비용과 품질 모두 그 영향을 받는다.[4] 서비스가 영리를 목적으로 하고 서비스 수요자들이 좋은 서비스를 얻기 위해 더 많은 보육료를 내야 할 때 '공급자들이 보육료를 인상하고 빈곤 지역의 아동 돌봄 서비스 질은 떨어지며 접근성의 불평등이 증가하는' 효과가 있는 것으로 관찰됐다.[5] 노르웨이는 공급을 확대하기 위해 민간 사업자들에게 문을 열어주었음에도 지금까지 품질 유지에 성공했다고 평가된다. 이러한 성공은 보육 비용의 85퍼센트에 대한 정부 부담, 보육료 상한 설정, 직원 자격에 대한 엄격한 규제, '합리적인' 이윤 제한, 학부모들의 유치원 이사회 참여 덕분인 것으로 보고 있다.

한 연구는 취약계층 아동들이 아동 돌봄 서비스를 받도록 하는데 "가장 효과적인 전략은 취약 계층이 보편적 접근권과 무료 지원 중 하나를 선택하는 것이 아니라 둘 다 제공받는 것이다."라고 제안한다.[6] 경제협력개발기구 국가들인 호주, 프랑스, 독일, 네덜란드, 뉴질랜드, 미국, 영국에서의 아동 돌봄에 관한 포괄적인 연구에 따르면 '보편적인 무료 서비스는 유료 서비스보다 아동 돌봄 기관 등록률이 더 높고' 빈곤 가정이 서비스를 받을 수 있는 최고의 방법이다. 보육료가 있으면 아무리 낮더라도 무상인 경우보다 접근성을 더 저해할 수 있다.[7]

모든 취학 전 아동들에게 보편적으로 양질의 아동 돌봄을 완전히 무상으로 제공하려면 비용이 많이 들 수밖에 없다. 그럼에도 불구하고 보편적 아동 돌봄 서비스를 하면 혜택이 확실하다는 연구들이 있다. 하지만 그렇다고 기꺼이 필요한 투자를 하는 정부는 거의 없다. 대표적으로 국비 지원에 관대한 국가인 덴마크는 지방정부가 무려 75퍼센트의 비용을 부담하는 반면에 학부모들은 단지 25퍼센트를 부담하는 것으로 추정된다. 미국 한부모는 보육비가 순소득의 절반을 넘으며 아일랜드는 42퍼센트에 이른다. 영국과 뉴질랜드의 부부는 소득의 약 3분의 1을 보육에 지출한다.[8]

특히 서비스를 이용하기 위해 자격 요건이 필요한 경우, 정부는 아동 돌봄 서비스의 공급을 늘리거나 서비스의 품질을 높이기 위해 노력한다. 영국에서는 3~4세 아동이 일주일에 30시간까지 무상보육을 받을 수 있는 데 반해 저소득층 가정의 2세 아동은 15시간만 무상보육을 받을 수 있다. 정부 보조금이 비용을 보전한다고는 해도 많은 지역에서 돌봄을 제공하는 실제 비용은 보조금보다 많다. 서비스 제공업체들은 비용을 줄이기 위해 자격을 갖춘 직원 수를 줄이거나 서비스 개원 시간을 단축하거나 서비스 장소의 크기를 줄이기도 했다.

잉글랜드에서는 지방정부의 3분의 1, 웨일스에서는 40퍼센트, 스코틀랜드에서는 14퍼센트가 보편적 무료 서비스가 필요한 3~4세 아동에 대한 조기 교육을 충분히 제공하지 못하고 있다.[9] 아동 돌봄 서비스 비용이 매우 높은 지역에서는 부모들, 특히 여성들이 취업을 포기할 수도 있다.[10]

아동 돌봄에 대한 공공지출은 얼마나 해야 하는가

아동 돌봄 서비스(돌봄, 취학 전 교육과 관련 현물 급여 포함)에 대한 총공공지출은 국내총생산 대비 프랑스 1.66퍼센트, 노르웨이 1.45퍼센트, 네덜란드 1.39퍼센트부터 영국 1.13퍼센트, 독일 0.75퍼센트, 오스트레일리아 0.65퍼센트까지 다양하며 미국은 0.55퍼센트로 낮은 수준이다.[11]

지출과 품질은 필연적으로 밀접한 관계가 있다. 영국의 활동가들은 돌봄 서비스의 질을 높이기 위해서는 아동 돌봄 노동자들이 초등학교 직원들 수준의 훈련과 급여를 받아야 한다고 주장해왔다. 그럴 때 생후 6개월부터 의무 교육을 시작할 때까지의 아동들을 대상으로 무료 서비스를 제공하기 위한 총비용은 국내총생산 대비 3퍼센트 정도로 계산된다. 이 비용의 90퍼센트는 고용 창출, 세수 증대, 소득 지원 지급의 감소 등으로 회수될 것으로 추정한다.[12]

아동 돌봄 투자는 장기적이고 간접적인 효과가 있다

일단 보육이 (도로 건설과 같은) 투자로 간주되면 그 편익은 비용을 훨씬 능가한다. 접근성이 좋고 저렴하며 양질의 아동 돌봄 서비스를 이용하는 부모들, 특히 여성들과 한부모들은 유급 직장을 다닐 수 있다. 여기서 핵심은 원하든 원하지 않든 부모들이 모두 일자리를 얻어야 한다는 것이 아니라 유급 노동이 특히 여성에게 재정 자립의 길이 된다는 데 있다. 아동 돌봄 서비스가 부족하면 종종 임금과 취업 기회에서 성적 불평등이 심해진다.

아동 돌봄 서비스는 아이들이 학교생활을 더 잘하고 학교를 졸업한 후에도 오랫동안 잘 지낼 수 있도록 돕는다. 취학 전 교육과 돌봄을 경험한 아동들은 실직한다거나 법을 어기는 가능성이 더 작다. 경제협력개발기구에 따르면 '양질의 조기 아동교육과 돌봄'이 주는 사회 편익은 개인들이 더 건강해지고 위법한 활동을 할 가능성을 줄이면서 '시민적, 사회적 참여'를 강화해 사회 전체에 긍정적인 '파급 효과'를 미친다.[13] 즉 아동 돌봄 서비스는 하나의 예방 대책으로서 사람들의 건강과 행복을 해치거나 다양한 공공기관들이 큰 비용을 들여야 하는 여러 폐해를 방지한다.

영국의 한 연구는 사회적투자수익률SROI 분석을 이용해 빈곤 계층 아동에 대한 지원과 유급 육아휴직을 겸비한 보편적 아동 돌봄 서비스에 대한 투자는 '범죄, 정신질환, 가정 파탄, 약물 남용, 비만과 같은 사회 문제'에 대한 정부지출을 줄일 수 있음을 알아냈다. 아동 돌봄을 무상으로 제공하는 센터에 1파운드를 지출할 때마다 '4.60파운드의 사회적 수익'이 발생하는 것으로 예상된다.[14] 이 같은 계산은 단지 예시적인 수치이다. 하지만 너무도 자주 간과되는 아동 돌봄에 대한 투자가 장기적이고 간접적으로 효과가 있음을 밝히는 데 도움이 된다.

요약

아동 돌봄은 보편적 기본서비스 목록에 포함돼야 하는 확실한 서비스다. 부모의 육아휴직이 끝날 때부터 의무 학교 교육을 시작하기 이전에 해당하는 모든 아동에게 무상으로 또는 최소한으로 저렴하게 보육 서비스를 제공하는 것은 상당한 사회적, 경제적 수익을 창출하는 합리적인 투자다. 그에 대한 지출은 매우 정당하다. 다만 다양한 조건과 사회 집단에 맞게 공급되고 시간이 흘러도 변함없는 충분한 품질의 서비스만이 기대한 결과를 낼 수 있다.

'성인 사회적 돌봄'은 성숙한 사회라면 반드시 해야 한다

장애가 있거나 노쇠하거나 병약한 성인은 다른 사람에게 돌봄을 받아야 한다. 그들이 건강을 유지하고 자율성을 가지면서 사회 활동에 참여할 수 있으려면 돌봄은 필수적이다. 가족이나 가까운 친척들이 그들을 돌볼 수도 있지만 많은 경우 그러기가 어렵다. 숙련이 부족하거나 돈이 없거나 또는 그들을 돌보게 되면 자신의 필요를 충족할 수 없기 때문이다. 이런 이유로 보편적 기본서비스에 안전하고 질 높은 성인 사회적 돌봄을 포함해야 한다.

어떻게 필요를 예방하는가

사회적 돌봄이 필요한 성인들의 수효가 빠르게 늘어나고 있다. 영국은 현재 약 350만 명의 노인이 돌봄을 필요로 하고 있는데 2040년에는 590만 명으로 늘어날 것으로 예상된다.[15] 이에 대해 대체로는 많은 사람이 나이가 듦에 따라 다양한 만성 질환을 앓게 되는데다 더 오래 살게 됐기 때문이라며 무비판적으로 결론을 내린다. 돌봄이 필요한 고령화 문제들을 예방하기 위해 인생에서 조기에 취할 수 있는 조치에 대해 주목하는 정책은 놀랄 만큼 부족한 것이 현실이다. 결국에는 우리 모두 죽는다는 사실은 자명하다. 여기서 중요한 것은 우리가 얼마나 오랫동안 잘 그리고 독립적으로 지낼 수 있느냐 하는 것이다. 장기 질환 대부분이 예방될 수 있다는 증거는 많다.[16]

따라서 양질의 성인 사회적 돌봄 서비스를 더 많이 요구하는 것만으로는 충분하지 않다. 우선 논의에 앞서 노인을 문제가 아니라 사회적 자산으로 바라본다는 전제를 깔고자 한다. 스스로 자신을 돌볼 수 없는 사람들에 대한 돌봄과 전체 생애주기에 걸쳐 건강과 행복을 유지하고 개선하는 집단 활동들을 통합해 전체 시스템의 관점에서 생각해야 한다. 여기에는 신체적 운동에 대한 접근권, 사회 활동의 기회, 은퇴와 평생 학습에 대한 융통성 있는 접근법과 같은 특정 대책뿐만 아니라 보편적 기본서비스의 목록에 속하는 서비스들도 포함된다.

예방을 진지하게 받아들이고 실천하기만 한다면 인구 고령화에 의해 돌봄의 필요와 비용이 증가할 것이라고 가정할 이유가 없다. 그렇다 해도 지불 능력과 상관없이 필요한 모든 사람이 성인 사회적 돌봄을 이용할 수 있게 하는 방법에 주목하는 것은 중요하다.

품질, 수량, 저렴한 가격의 균형 문제를 해결해야 한다

보편적 기본서비스 목록에 포함된 모든 서비스가 그러하듯 성인 사회적 돌봄 서비스의 목표 또한 모든 사람이 필요에 따라 양질의 서비스를 충분히 이용할 수 있는 접근권을 보장하는 것이다. 그 출발점은 자격 요건이다. 모든 사람은 돌봄을 받을 권리가 있다. 그렇다면 질, 양, 그리고 저렴한 가격 사이에 균형의 문제가 생긴다. 성인 사회적 돌봄 분야에는 이러한 균형의 조정에 영향을 미치는 중요한 여섯 가지 요소들이 있다.

첫째는 이미 언급했듯이 돌봄의 필요가 발생하는 것을 예방할 조치가 어느 정도 있는가다. 둘째는 비공식적인 돌봄, 즉 주로 가족 구성원의 무급 노동이 공식적인 돌봄 시스템과 연계되고 평가받고 지원받는 수준이다. 셋째는 유급 노동력의 훈련, 자격, 급여, 근로 조건이다. 넷째는 돌봄이 필요한 사람들과 비공식적인 간병인의 참여다. 돌봄이 필요한 사람이 자신이 원하는 해결책을 찾을 수 있도록 돌봄 시스템에 참여할 수 있어야 하며 개인의 상황에 맞춰 돌봄이 잘 설계(전문 용어로는 '개인화')돼야 한다. 다섯째는 정부 규제다. 돌봄의 표준을 설정하고 시행해 상업적 제공자의 폭리를 제한하거나 제거하는 것이다. 마지막은 정치적 선택이라는 매우 중요한 요소로서 앞서 설명한 다른 요소들을 만들거나 파괴할 수 있다. 공동 필요를 충족하기 위해 집단 책임을 이행할 것인지, 아니면 개인과 가족에게 부담을 지울 것인지를 결정한다.

'성인 사회적 돌봄' 서비스는 어떻게 제공돼야 하는가

필요는 매우 개인적이며 장기간에 걸쳐 달라진다. 서비스는 자택 돌봄, 주간 센터, 상근 돌봄을 포함한다. 전반적으로 성인 사회적 돌봄 서비스는 가족, 친척, 사랑하는 사람들을 돌보기 위해 무급으로 일하는 거대한 비공식적인 간병인 집단cohort에 상당히 의존한다. 영국에서는 약 650만 명의 간병인이 제공하는 가치가 연간 570~1,000억 파운드로 추정된다.[17] 비공식 간병인에 대한 지원 또한 필요하다. 그들이 지원을 얼마나 받는가는 나라마다 차이가 크다. 덴마크, 스웨덴, 노르웨이, 핀란드, 아이슬란드에서는 간병인에게 장기 휴가, 현금 급여와 현물 급여 등을 비롯해 거의 보편적이고 포괄적으로 장기적인 지원을 하고 있다.[18]

대부분 국가에서 돌봄 서비스는 공공기관, 비영리기관, 영리기업이 제공하고 있다. 그중 영리기업의 시장 점유율이 빠르게 커지고 있다. 몇몇 민간기업은 비록 공공지출이 삭감되면서 수익성에 압박을 받긴 하지만 정부 계약 덕분에 보통은 큰 이윤을 얻는다. 영국에서는 돌봄 서비스 분야의 금융화에 대한 우려가 제기돼왔다. 사모 출자 회사들이 큰 수익을 기대하고 앞다투어 인수한 사업체들은 결국 부채가 급증해 문을 닫았다.[19]

돌봄 비용에 대한 공공지출은 어떻게 할 것인가

경제협력개발기구 국가들의 장기 요양에 대한 공공지출의 비중은 국내총생산 대비 네덜란드 4.3퍼센트, 스웨덴 3.2퍼센트, 프랑스 1.8퍼센트, 영국 1.2퍼센트, 미국 0.5퍼센트, 그리스 0퍼센트까지 다양하다.[20] 이는 공식 돌봄과 비공식 돌봄 사이의 균형과 사람들이 자기 돈으로 부담해야 하는 금액에 대한 다양한 기대를 반영한 것이다.

돌봄 비용을 지불하는 방법에는 여러 가지 선택권이 있다. 과세를 통해 직접 자금을 지원하거나, 이용자나 고용주나 정부가 기여금을 부담하는 사회보험제도를 통하거나, 개인적으로 가입한 민간 보험을 통해 지불하거나, 개별 이용자가 직접 지불하되 정부가 보험 또는 현금 지급을 통해 부분적으로 또는 전부를 벌충하는(또는 하지 않는) 방법 등이 있다.

보통 돌봄 비용과 시설 비용은 구분되며 일반적으로 시설 비용은 개인이 직접 부담한다. 인적 돌봄과 의료 서비스도 구분된다. 그중 의료 서비스는 종종 과세나 사회보험을 통해 더 많이 보장된다. 영국에서 의료 서비스는 거의 변함없이 무료다. 하지만 장기요양 서비스를 위한 다양한 기금 제도들이 제대로 조정되지 않아 장기요양 비용은 향후 수십 년 동안 국내총생산 대비 1.1퍼센트에서 2퍼센트로 증가할 것으로 추정된다.[21] 다른 국가들은 의료 서비스가 사회보험에 포함되는 경우 장기요양 서비스도 사회보험제도에 포함되는 것이 좀 더 일반적이다.

네덜란드는 1968년에 보편적인 장기요양보험long-term care insurance 제도를 처음 도입했다. 스웨덴은 1982년과 1983년에 세금으로 운영되는 사회적 돌봄 권리를 확립했다. 의무적인 장기요양보험 제도는 1995년 독일, 2000년 일본, 2002년 프랑스, 2008년 한국에 각각 도입됐다.[22] 이 제도들은 지불 능력과 상관없이 일정 수준 이상의 필요가 있는 모든 사람에게 최소한 어느 정도의 지원을 제공해왔다. 하지만 그 후 많은 정부가 재정적으로 지속가능하기 위해 고군분투하면서 비용을 억제하기 위한 다양한 전략을 채택했다. 서비스 제한, 기여금 인상, 보험자 또는 제공자 간의 경쟁 도입 등이 해당된다.

스코틀랜드에서는 65세 이상이면 개인 돌봄이 무료다. 지역 당국이 돌봄이 필요하다고 결정하면 나이와 상관없이 간호 돌봄도 무료다.[23] 영국의 나머지 지역에서는 자산이 연간 2만 3,250파운드(중위 가구소득의 약 80퍼센트)를 넘으면 총비용을 지불한다. 연간 1만 4,250파운드 미만이면 무료 돌봄을 받을 자격이 있으며 1만 4,250~2만 3,250파운드이면 일부 보조금을 받을 수 있다.[24]

부자들을 제외한 사람들은 자신에게 필요한 서비스를 이용하기 위해 애쓴다. 극빈층을 제외한 저소득층과 중산층 가구는 돌봄 비용 지출에 평생 모은 저축과 재산을 다 쓸 수 있다. 가난한 사람들을 위한 무료 돌봄 서비스는 형편없는 경우가 허다하다. 돌봄 노동자는 더 적은 보수를 받으면서 더 많은 일을 해야 하는 처지에 몰리고 있다. 그러나 서비스 공급업자는 돌봄 수준이 열악할 때조차도 이윤을 남긴다.

한 돌봄 관련 자선단체는 이렇게 말한 바 있다. "우리는 회사들이 수백만 달러를 버는 동안 취약한 사람들이 생명 유지를 위한 가장 기본적인 것조차 없이 최전선에 남겨진 것을 봐왔다. 돌봄 종사자들은 박봉을 받으면서 인력 부족으로 인해 도저히 할 수 없는 일들을 매일 요구받았다."[25]

독일은 좀 더 희망적인 대안을 제시한다. 바로 강력한 비용 절감의 틀 내에서 보편적인 사회적 권리를 특징으로 하는 장기요양보험LTCI 제도다. 연방법에서 총예산, 기여금 요율, 상한 한도, 급여 수준, 자격 기준 등을 모두 규정한다. 직장인의 경우 사업주는 보험료의 절반을 부담하는 반면에 퇴직자는 기여금을 전액 부담해 세대 간 형평성에 대한 우려를 해소하는 데 도움이 된다.

장기요양보험 가입은 의무이며 취업하지 않은 사람들의 경우 취업한 세대주의 보험 기여금에 따라 서비스를 받을 수 있다. 이 제도는 장기요양이 사회적 보호가 필요한 사회적 위험이라는 것을 인정한 것으로 모든 정당에서 정치적 지지를 받고 있다. 장기요양보험은 25년간 운용돼왔고 인구 고령화, 장기요양보험의 적용 범위 확대, 서비스 수준의 증대에도 불구하고 기여금은 월급의 0.8퍼센트만 인상됐다.[26]

투자 수익은 어떻게 되는가

성인 사회적 돌봄 서비스는 아동 돌봄 못지않게 '사회 기반 시설'의 많은 부분을 차지하고 있다. 양질의 돌봄 서비스는 노인, 취약계층, 간병인의 건강과 복지를 개선하고, 집에 갇혀 지내는 일부 가족 구성원들에게 유급 노동의 기회를 주고 더 많은 사람의 참여를 끌어내 지역 사회가 풍요로워진다. 그리고 집중적인 개입을 해야 하는 악화된 상황을 예방하거나 지연함으로써 고비용의 의료 서비스에 대한 수요를 줄일 수 있다. 돌봄 서비스는 또한 전문 간병인과 돌봄 분야에 고용된 사람들에게 안전하고 보람된 유급 일자리를 제공해 경제적 승수 효과가 있다.[27]

요약

장애인이나 노쇠하거나 병약한 사회 구성원을 돌보는 강력하고 윤리적인 옹호가 있다. 잘 설계되고 지속적으로 재원이 지원되는 제도는 가능한 한 오랫동안 필요가 늘어나는 것을 방지하며, 유급 직원과 비공식적인 간병인을 모두 지원하고 높은 표준을 적용하고 폭리를 단속하고 의료 서비스와 사회적 돌봄을 위한 자금을 통합해야 한다. 이 같은 제도는 다양한 혜택으로 돌아오기 때문에 장기요양에 대한 집단적 투자를 충분히 정당화한다.

5장

보편적 기본서비스의 시작
: 주거, 교통, 정보, ICT

이제 돌봄 부문에서 '물질적' 기반시설인 재화와 '섭리적' 기반시설인 서비스가 서로 더 밀접하게 관련된 영역으로 넘어가보자. 돌봄 분야는 주로 공동 관심, 가족 관계, 집단 노력 등으로 발전돼왔다. 반면에 주택, 교통, 정보 분야에는 물질적 생산과 서비스 제공을 결합한 독특한 공급 시스템이 있는데 역사적으로 기술, 기업, 경쟁으로 형성돼왔다. 서비스에 대해 지불하는 방법과 모든 사람이 자신의 필요를 충족하도록 보장하는 방법에 관해 여러 구성 요소를 고려하고 다양한 가정을 하면서 각각의 논의를 시작하고자 한다.

모든 사람에게는 '주거'가 필요하다

모든 사람은 주거지가 필요하다. 현대 민주주의 사회에서 주거지는 거주하는 장소 이상을 의미한다. 우리는 모두 건강, 자율성, 사회 참여를 위한 필요를 보장하고 뒷받침하는 장소가 필요하다. 주거지를 소유하고 관리하는 방식이나 주택의 품질과 비용은 모든 국가에서 사회경제적인 건강, 행복, 불평등의 정도에 강력한 영향을 미친다. 물론 영국도 마찬가지여서 노숙자가 아닌 저소득층은 아주 흔하게도 형편없는 주거지에서 살고 있다. 이런 질 낮은 주거로 인해 삶이 피폐해진다. 또한 집값의 상승이 여론과 정치적 우선순위를 좌우하고 주택이 핵심적인 금융 자산이 되면서 부동산 시장은 국가 경제를 심각하게 왜곡하고 있다.

따라서 주거는 보편적 기본서비스 목록에 포함될 가능성이 가장 큰 서비스다. 보편적 기본서비스의 원칙을 시행하면 모든 사람이 무료 주거가 가능해진다는 의미가 아니다. 모든 사람이 안전하고 충분하고 저렴한 집에서 거주할 수 있다는 것을 의미한다. 보편적 기본서비스로서 주거는 돌봄, 교육, 심지어 교통보다 더 복잡하다. 주택이란 본질상 장기간에 걸쳐 연속해서 서비스를 내놓는 물질적 재화(건물)다. 큰 부자가 아니고는 누구도 주거비를 모두 즉시 낼 여유가 없다. 보통 임대료나 대출을 활용해 주거비를 분산한다. 임대료는 대개는 민간에게, 때로는 사회주택사업자social landlords에게 지불된다. 사회주택사업자는 주로 정부 기관이나 공익적 의무에 따라 운영되는 비영리단체들이다.

새로운 주택 공급은 정부, 영리기업과 금융기관, 비영리단체와 자선단체들이 재정을 지원할 수 있다. 또는 공익을 위해 권한을 행사하거나 행사하지 않을 수 있는 다양한 주체들이 동업해 재정을 지원할 수도 있다. 문제는 관련 주체들과 다른 복잡한 사안들(입지, 땅값, 도시계획 등)과 씨름하면서 보편적 기본서비스에 해당하는 일련의 협약을 끌어내는 것이다.

먼저 심각하게 고조되는 영국의 주택 위기에 대한 경고성 이야기를 하겠다. 1980년대 주택매입권right-to-buy policies* 정책이 시행되자 세입자협의회는 그들의 집을 헐값에 살 수 있게 됐고 당시에 종종 이윤을 남기고 팔거나 세를 놓았다. 그 후 정부는 지원을 통해 해결해야 할 주택 공급 문제에 대한 책임을 꾸준하게 회피하고 개인들에게 떠넘겼다. 20세기 중반에는 상당 기간 정부

---

* 대처 정부가 도입한 주택매입권RTB 제도는 1980년 주택법에 따라 확립됐다. 지방정부 소유의 공공주택에 거주하는 임차인들이 일정한 요건을 충족하면 거주하고 있는 공공주택을 시세보다 싼 가격으로 매입할 수 있는 제도다. 이를 통해 공공주택의 민영화가 촉진됐다.

가 저소득층과 중산층 세입자를 위해 저렴한 가격의 주택을 충분히 공급하는 책임을 맡았다. 하지만 이제는 정부가 책임을 이행하지 않는다. 현재 영국에는 120만 가구가 사회주택social housing* 대기자 명단에 올라 있다. 자가 거주는 선택적인 주거 상황이 됐다. 전체 주택의 약 3분의 2(1,510만 채)가 자가 거주이며 나머지 중 480만 채는 민간 임대주, 240만 채는 주택조합, 140만 채는 지방 당국이 각각 임대한다.[1]

그리고 민간 개발업자와 임대주들이 시장을 지배하도록 허용해왔다. 정부는 새 건물에 충분하게 투자하거나 세입자의 이익을 보호하는 데 실패했다. 런던을 비롯한 주요 지역에서 임대료와 집값이 급등했다. 주택은 자가 거주자, 임대주, 개발업자, 은행 등의 금융 자산이 됐다. 모든 사람의 기본적 필요를 충족하기보다는 개인의 미래를 위한 사적 보장, 가족의 축재, 기업의 자산 축적을 위해 다양하게 관리됐다.

사회주택은 대세적인 주거권과는 반대되는 최소한의 복지를 위한 잔여적인residual** '응급서비스'가 됐다. 노숙자에게 거처를 제

---

* 케임브리지 사전의 정의에 따르면, 사회주택은 지방정부 또는 이윤을 추구하지 않는 기타 조직이 소유한 주택들로 저소득층에게 임대되는 주택이다.
** '잔여적'이라는 뜻은 복지제도가 설정한 자격 요건을 충족하는 대상만을 지원하는 '선별적' 복지를 의미한다.

공하는 것은 엄밀히 따지면 지방정부의 의무다. 하지만 대부분의 지방정부는 그러한 의무를 제대로 이행할 수 있는 권한이나 돈이 부족하다. 그러다 보니 전국적으로 여러 도시와 마을에서 노숙이 늘어나고 있다. 이 한심한 풍경은 보편적 기본서비스가 시급하다는 것을 강조한다. 몇몇 다른 나라들은 이와 다르게 접근함으로써 좀 더 나은 전망을 제시한다.

거주자의 주거권이 보장돼야 한다

우리의 출발점은 생활 필수 서비스, 즉 기본적 필요를 채우기 위한 수단의 하나로서 개인에게 주거권을 부여하는 것이다. 그러기 위해 정부는 법을 제정해 절차적 권리뿐만 아니라 적극적인 사회적 권리를 확립해야 한다. 그에 따른 의무는 집단 책임에 관한 문제다. 그들이 사회적 임대든 민간 임대든 자가 소유든 간에 의무를 이행하면 퇴거의 두려움 없이 거주할 수 있어야만 한다. 일반적으로 지방 당국인 책임 기관은 충분한 역량(권한과 자원)과 적합한 정책을 모두 가지고 있어야 한다. 이는 지방정부 또는 중앙정부에 달려 있다.

주거권을 넘어서 안전은 거주자가 스스로 자신의 집과 지역을 얼마나 통제할 수 있느냐에 기초한다. 쇠퇴한 단지에 있는

눅눅하고 비좁은 숙소를 할당받는 것은 그다지 대단한 권리가 아니다. 안전한 주거 여건은 개인적 권리와 집단 책임을 이행하는 기관의 정치와 역량 그리고 주민들의 통제 정도와 모두 밀접하게 관련된다.

주거의 충분성은 어떻게 정해지는가

'충분한' 주거란 세 가지 주요한 측면인 주거지의 질, 지역의 특성, 거주자가 자신의 주택과 주변 환경을 통제할 수 있는 정도와 관련된다.

주거가 얼마나 충분한가는 부분적으로는 1인당 바닥 면적, 반고정 세간, 옥외 공간과 생활 편의시설 등과 같은 객관적 척도의 문제다. 그리고 역사와 문화에 따라 형성된 주관적 판단에 따라 결정된다. 예를 들어 영국에서는 대부분이 주택을 소유하기를 간절히 원하지만 빈에서는 인구의 80퍼센트가 집을 임차하고 있고 절반 이상이 사회임대료social rents*를 내고 있다. 네덜란드와 영국에서는 저층 주택을 선호한다. 반면에 유럽의 많은 도시에서는 모든 소득 계층의 사람들이 고층 아파트에 사는 것을 선호한다.

---

* 사회임대료는 정부가 공식적으로 정하는 임대료로 일반적으로 시장임대료보다 저렴하다.

거주민들은 충분성을 주변 환경의 질, 이웃과의 관계, 그리고 얼마나 쉽게 대중교통, 직장, 학교, 공공서비스, 상점, 여가시설, 녹지 등에 닿을 수 있는지에 따라 평가할 것이다. 이 모든 것들은 사람들이 필요를 충족할 수 있는 생활환경과 그렇지 못하고 건강이 나빠지고 고군분투하며 살아가야 하는 생활환경의 차이를 설명한다.

주거와 주변 환경의 질은 거주민의 혼합에 영향을 미치고 궁극적으로 지역의 특성을 만든다. 영국에서 빈민가는 흔하다. 몇몇 민간 개발업체들은 사회주택 세입자들에게 부유한 자가 소유자들이 드나드는 출입구와 다른 '가난한 사람들의 출입구poor-door'가 있는 사회주택을 할당한다. 그러나 다른 지방정부들은 서로 다른 배경을 가진 주민들의 통합을 추진하기 시작했다. 빈은 도시 전체의 사회 균형을 유지한다는 분명한 목표를 설정하고 주택 단지에서 혼합 주거권을 보장하는 빈 주거기금Wohnfonds Wien 정책을 시행하고 있다.

싱가포르 역시 소득 계층별 혼합 지역을 조성하도록 적극적으로 장려해왔다. 코펜하겐 인근 외레스타드 신도시에서는 사회주택과 민간주택이 나란히 개발됐는데 훌륭한 교통 연계 시스템, 상점, 편의시설 등을 공유하고 있다. 서로 다른 배경을 가진 사람들이 함께 사는 지역에서는 공동체 전체에 대한 상호 이해와 존중 그리고 공동 책임감이 생겨날 가능성이 더 크다.

충분성은 또한 주민들이 어떻게 설계와 관리에 참여하느냐에 달려 있다. 사람들은 일상생활의 조건을 어느 정도 통제할 수 있을 때 더 건강하고 더 행복한 경향이 있다.[2] 주민들의 참여 활동은 주민협의회의 일원으로서 상담을 받는 것부터 집주인과의 공동 결정, 지역의 주택 소유와 관리를 위한 협동조합 참여까지 다양하다. 주택협동조합은 오스트리아, 덴마크, 독일, 스페인, 스위스를 비롯한 많은 나라에서 발전되고 있으며 주택 재고의 상당량을 운용하고 있다. 코펜하겐의 일부 지역에서는 협동조합이 지역 주택 물량의 40퍼센트까지 소유하면서 관리하고 있다.[3] 정부는 협동조합이 제 역할을 하는 곳에 확고하게 지속적으로 정책적, 실무적 지원을 하고 있다.

주거는 지속가능한 형태가 돼야 한다

주거가 지속가능하기 위해서는 충분성과 안전이라는 두 요소, 즉 지구위험한계선 내에서의 충분성과 미래 세대를 위한 안전과 반드시 밀접하게 관련돼야 한다. 이 아이디어는 2019년 미국 의회에 상정된 '그린 뉴딜' 제안에 반영됐다. 미국의 모든 새 건물과 개량 건물은 '전기화를 포함한 최고의 에너지 효율, 물 효율, 안전성, 경제성, 쾌적성, 내구성을 갖출 것'을 요구하고 있다. 특히 미국의 그린 뉴딜은 환경만큼이나 사회 정의와 민주주의에 관한 것이다. 지속가능한 주거란 재생가능한 자원을 이용해 무탄소 주택을 설계하고 건설하는 것만이 아니다. 모든 사람이 지속가능한 생각과 행동을 하도록 장려하는 지역으로 발전하는 것을 의미한다.

독일 남서부에 위치한 도시 프라이부르크는 '유럽의 태양열 수도'라고 불리는데 '단순한 기술 전환을 훨씬 뛰어넘는 것'을 포함한다. 프라이부르크 모델은 "강력한 장기적 비전, 국가 정책 체계, 변화로의 이행 강조, 지역 사회 참여 등이 도시 생태적 생활을 가능하게 하고" 촉진한다고 알려졌다.[4] 그리고 비록 여전히 드물긴 해도 세계적으로 지속가능한 주거에 대한 유사한 접근법을 채택하는 다양한 개발 사업들이 있다.

주거는 저렴한 가격으로 제공돼야 한다

보편적 서비스에는 그 누구도 돈이 없다고 배제되지 않는다. 희소성은 값을 끌어올리므로 주택이 부족한 곳이라면 어디서든 공급 확대를 초기 목표로 잡는다. 이는 전 세계 도시의 공통된 경험이다. 더 많은 주택을 건설해 공급을 늘릴 수 있다. 하지만 빈집을 없애고 다주택 소유를 억제하기 위해 규제, 과세, 또는 강제 수용을 이용해 기존 재고 주택을 개조하고 재분배하는 것도 마찬가지로 중요하다.[5]

양을 위해 질을 희생하는 것은 역효과를 일으킬 수 있다. 따라서 공급 확대 대책 또한 우리가 설명한 관점에서 충분성을 보장해야만 한다. 지방정부와 중앙정부가 규제, 공공 투자, 그리고 영리기업과 국가와 기타 비영리기관 간 파트너십 등을 이용해 시장을 형성하고 관리해야 한다. 그렇지 않으면 시장은 충분하고 저렴한 주택을 생산하지 않을 것이다. 코펜하겐과 함부르크의 공공자산기업Public Asset Corporations*과 토지를 모아 개발하는 몽펠리에의 특수목적회사Special Purpose Vehicles가 좋은 예가 될 것이다.

주택 공급 확대에 따른 비용 상승은 기반시설, 토지 취득, 건축, 개보수 등에 공공자금을 투자하고, 토지와 부동산 투기 방지를 위해 법을 제정하고, 민간 개발업자가 추구하는 이익을 제한함으로써 억제할 수 있다. 공공자금을 조달하기 위해 국채를 발행하거나, 소득과 마찬가지로 토지와 재산에 대해 과세를 하거

---

* 공공자산기업은 공공이 소유하지만 민간기업처럼 투자를 극대화하여 수입을 최적화하는 것을 목적으로 운영된다.

나, 지역의 상점과 편의시설에서 수익을 창출하거나, 임대와 판매에 따른 수익을 재투자하는 방법 등이 있다. 또 시 당국이나 공동체토지신탁community land trusts* 등과 같은 시민 사회적 방식을 통해 토지를 공동소유로 하면 저렴한 주택을 공급할 수 있고 공익을 위해 관리되는 공유 자산이 된다.

영국의 세계번영연구소는 사회주택의 재고 규모를 두 배로 늘리기 위해 150만 호 신규 건설이 필요할 것으로 추정하고 국내 총생산 대비 0.5퍼센트에 해당하는 건설비용을 30년 만기 국채를 발행하여 조달할 것을 제안했다.[6] 빈 시 정부는 건설비용을 낮추기 위해 도시개발 계획과 공급에 대한 보조금을 이용해 토지 대부분을 소유함으로써 주택 공급 가격을 저렴한 수준으로 유지해왔다.

덴마크는 격년으로 토지 시세를 검토해서 1,000분의 1을 세금으로 부과한다. 전국적으로 징수한 세금을 지방정부에 분배해서 주택과 기반시설에 재투자하고 있다. 잉글랜드와 웨일스에서는 저렴한 주택과 기타 지역 자산을 개발하고 관리하기 위해 지역

---

* 공동체토지신탁은 지역 사회를 위해 사용되는 토지, 주택, 기타 건물을 관리하고 저렴한 토지 가격을 유지하기 위해 설립된 비영리 조직이다. 토지를 취득함으로써 토지의 소유권을 영구적으로 유지한다.

주민들이 설립한 공동체토지신탁 네트워크가 늘어나고 있다. 유럽 전역의 도시들은 저렴한 주택 공급을 촉진하기 위해 이러저러한 방식들을 무수히 시도하고 있다.[7]

저렴한 가격이란 물론 상대적인 개념이다. 가장 저렴한 가격의 주택도 일부 사람들은 감당하기가 어렵다. 가난한 가구는 일반적으로 소득의 훨씬 많은 부분을 임대료나 주택담보대출로 지불한다.[8] 따라서 주거가 진정으로 모두에게 저렴해지려면 추가적인 조치가 필요하다. 수요 측면의 급여 형태로는 영국의 주거급여가 있다. 임대주에게 전액이 지급돼 임대주가 부유해지는 방식으로 널리 여겨진다. 빈곤 임금poverty wages*을 주는 고용주에게 보조금을 지급하는 방식이기도 하다. 그리고 임대료와 매입 보증금을 비롯한 가격에 기반한 공급 측면의 대책은 가격 상한을 정하거나 보조금을 지원하는 방식으로 오스트리아, 덴마크, 독일, 네덜란드의 일부 지역에서 일반화돼 있다.

주거에 대한 투자 수익은 어떻게 되는가

보편적 기본서비스로서 주거에 대한 투자는 양, 충분성, 저렴

---

* 빈곤 임금은 외벌이 정규직 노동자의 소득이 가족 규모 기준 중앙정부의 빈곤 기준선보다 낮은 수준의 임금이다.

한 가격 사이에서 적절한 균형을 이룬다면 상당한 배당금이 산출될 것이다. 안전하고 충분한 주거는 평생 건강, 자율성, 사회 참여에 대한 기본적 필요를 충족하는 하나의 방법이다. 반대로 노숙이나 열악한 상태의 주택은 필요를 충족하는 데 장벽이 되고 의료 서비스, 소득 지원, 형사 사법 등과 같은 영역에서 문제를 해결하기 위해 큰 비용을 들여야 할 수도 있다. 주거가 생태적 지속가능성을 극대화하도록 설계되고 관리되는 곳에서는 자연 자원과 미래 세대가 자신의 필요를 충족할 능력을 보호할 수 있을 것이다.

요약

모든 사람은 안전하고 충분하며 저렴하게 거주할 수 있는 권리를 가져야 한다. 주거권은 건물을 짓는 것을 넘어 훨씬 더 많은 의미를 내포하고 있다. 충분성은 지역과 모든 편의시설의 질을 포함하는 개념이기 때문이다. 거주자들은 스스로 자신의 생활 조건을 관리할 수 있어야 하며 모든 주거는 생태적으로 지속가능해야 한다. 이것 중 어느 것도 시장 단독으로는 이루어낼 수 없다. 투자, 규제, 보조금 등을 통한 집단 개입이 필요하다. 공급 부족은 값을 끌어올리기 때문에 많은 분야에서 공급 증가와 재분배는 필수적이다. 보편적 기본서비스로서 주거는 사회적, 경제적, 환경적 측면에서 상당한 이익을 산출할 것이다.

모든 사람에게는 '교통' 수단이 필요하다

자동차 수송에 대한 접근성이 인간의 기본적 필요를 충족하고 적정한 생활 수준을 영위하는 데 필수적이라는 공감대가 커지고 있다.[9] 만약 사람들이 A에서 B로 이동할 수 없다면 의료 서비스와 기타 서비스를 이용할 수 없고 유급 일자리를 찾고 직장으로 이동할 수 없으며 가족과 친구들을 만날 수 없고 일반적인 사회생활도 할 수 없다.

대중교통이든 개인 소유 승용차든 실제로 자동차 수송을 누가 얼마나 이용할 수 있는가에서 차이가 크다. 농촌 지역에 사는 사람들은 걷거나 자전거를 타기에 먼 거리를 자주 이동해야 한다. 대중교통은 마을과 도시 교외에서는 배차 간격이 길어 이용하기 애매한 교통 수단이다. 저소득층은 부유층보다 소득 대비 교통비 지출이 많다. 훨씬 더 많이 대중교통에 의존하기 때문이다. 대중교통을 이용할 수 없거나 교통비가 비싸서 감당할 수 없다면 삶의 질이 떨어질 수밖에 없다. 그런데 만약 자동차 수송이 생활 필수 서비스가 된다면 모든 사람이 지불 능력과 상관없이 이용할 수 있어야 한다.

무료 버스 서비스가 필요한 지역이 있다

지역 무료 버스 이동은 논의를 시작하는 데 가장 좋은 서비스이다. 버스는 어디에서나 볼 수 있는 대중교통 유형이다. 그리고 무료 버스 이동은 이미 많은 나라에서 익숙하기 때문에 논의를 전개해나갈 여지가 있다. 버스는 비교적 지속가능한 수단이다. 모두를 위한 무료 버스 이동은 자가용 사용을 억제하고 대기 오염과 온실가스 배출 저감에 도움이 될 수 있다.

이미 65세 이상의 성인들과 장애인들은 영국에서 무료로 버스를 이용할 수 있다. 미국 30여 도시, 프랑스 20여 도시를 비롯해 폴란드, 스웨덴, 이탈리아, 슬로베니아, 에스토니아, 오스트레일리아 등 전 세계 100여 개의 마을과 도시에는 무료로 이용할 수 있는 지역 교통 제도(주로 버스)가 있다. 일부 교통 제도는 이용자와 이용 시간을 제한하기도 한다. 무료 버스 서비스는 사회경제적 불평등 축소, 사회 참여 장려, 자가용 사용 억제, 대기 오염도 저감, 매표와 관련된 행정 비용 절감 등 다양한 이유로 채택되고 있다.

충분한 교통 시스템이 갖춰져야 한다

사람들이 승차권을 살 필요가 없다면 버스를 더 많이 이용할 것은 명백하다. 승차권을 살 때의 번거로움이 없어졌기 때문이다. 1985년 이후로 영국에서는 런던을 제외한 지역의 버스들이 규제를 철폐하고 경쟁을 통한 품질 향상을 명목으로 내세웠다. 하지만 배차 간격이 길고 버스 간 연결도 부족해 많은 지역 주민들이 고생하고 있다. 네 곳의 대형 운영업체가 즉각 시장을 장악하면서 요금이 인상됐고 정부 보조금은 줄어든 반면에 공유 발권 시스템이 없어져 서비스가 연결되지 않아 더 불편해졌다.[10]

다른 대부분의 유럽 국가들은 노선과 시간표를 조정하도록 규제할 뿐만 아니라 공공보조금을 늘리고 도시와 시골의 연결성을 높여왔다. 서비스는 훨씬 저렴해지고 이용자들은 더 만족하고 있다.[11]

런던에서는 시 당국이 전략적으로 대중교통을 관리하면서 버스 이동이 급속도로 증가했다. 하지만 영국의 다른 지역에서는 버스 이동이 감소했다. 정부는 런던 외곽의 버스를 다시 규제하려고 했지만 개혁을 반대하는 업체들의 강력한 로비 때문에 실패했다.[12] 정부의 보조금이 줄어드는 동안 특히 농촌 지역에서 서비스가 크게 줄어들었다. 지방정부가 무료 이동 서비스를 제공하는 비용을 중앙정부에게서 충분히 보전받지 못했기 때문이다. 영국의 지방정부연합회Local Government Association는 "노인과 장애인들이 무료 버스 이용권은 갖고 있지만 이동할 수 있는 지역 버스가 없어 오도 가도 못할 것이다."라고 경고했다.[13]

재원은 다양한 방법으로 조달할 수 있다

세계번영연구소는 영국에서 무료 버스를 전 국민으로 확대하는 데 연간 약 52억 파운드(국내총생산의 0.26퍼센트)가 들고 대중교통 서비스를 런던 수준으로 전국에 확장하는 데는 123억 파운드(국내총생산의 0.63퍼센트)가 들 것으로 분석했다.[14]

프랑스는 급여 총액에 교통부담금versement transport을 부과해 대중교통 서비스에 드는 비용을 충당한다. 프랑스 도시들의 교통당국 중 80퍼센트 이상이 사업자에게서 거둬들인 세금으로 도시교통을 위한 인프라 투자와 보조금의 50퍼센트 이상을 충당한다. 다른 곳에서도, 전 세계 지방정부는 대중교통 시스템에 드는 비용을 충당하기 위해 지방 소득세와 재산세부터 판매세, 관광세, 법인세, 도로 이용료에 이르기까지 매우 다양한 세금을 부과하고 있다.[15]

가난한 사람들이 더 많은 혜택을 누렸다

버스에 투자하는 것은 다양한 사회적, 경제적, 환경적 편익을 산출할 수 있다. 잉글랜드에서 노인과 장애인을 위한 무료 버스 이동에 대한 2016년 평가에 따르면 이용권 소지자들은 서비스를 더 쉽게 이용할 수 있으며 사회적 상호작용을 위한 기회를 더 많이 누릴 수 있고 쓸 수 있는 돈도 더 많이 남았다. 모든 면에서 가난한 사람들이 더 많은 혜택을 누렸다.[16] 영국의 다른 연구들은 사람들이 무료 버스 이동을 이용하다 보면 신체 활동을 하게 돼(버스 이동이 자가용 이동보다 더 긴 거리를 걷기 때문에) 더 건강해지고 출퇴근이 쉬워지며 개인적 독립성을 높여 사회적 고립을 줄이고 지역 소속감을 강화해 사회 공헌 의식을 높인다는 것을 발견했다.[17]

영국 지역 버스 서비스의 영향에 대한 KPMG 분석에 따르면 "지역 버스 시장에 투자하면 승객과 다른 도로 이용자 그리고 광범위한 지역사회가 상당한 이득을 볼 수 있다."라고 한다. 이러한 서비스에 대한 정부지출은 수익적 지출 1파운드는 2~3.80파운드, 자본적 지출 1파운드는 4.20~8.10파운드의 사회적, 경제적, 환경적 수익을 창출한 것으로 분석됐다.*[18]

---

* 수익적 지출은 비용의 성격을 가진 지출로 월급, 임금, 연금, 보조금, 이자 등을 포함한다. 자본적 지출은 투자의 성격을 가진 지출로 기계, 시설, 토지와 건물, 투자 등에 대한 지출을 포함한다.

이와 유사한 맥락에서 리즈대학교의 경제학자들은 버스 노선과 사람들이 가기를 원하는 장소 간의 연결을 개선할 때 나타나는 효과를 연구했다. 잉글랜드에서 가장 빈곤한 10퍼센트에 속하는 지역에서 버스 서비스의 연결성이 10퍼센트 향상되면 2만 2,000여 명의 소득이 증가한다. 약 1만여 명이 취업할 수 있으며 7,000여 명이 기술을 취득할 수 있고 16세 이상의 교육률이 0.7퍼센트 높아지고 연간 2,596명의 생명을 구할 수 있다고 한다.[19]

비록 무상은 아니더라도 대규모 광역도시권에서 접근성이 좋고 잘 조직된 대중교통은 승용차 교통량을 9퍼센트까지 줄여서 공기 질이 개선되고 탄소 배출량이 줄어든다.[20] 버스 요금이 무료가 된다면 자가용 이용이 더 줄어들어서 그 효과가 상당히 높아질 것이다. 자가용과 택시 이용에 따른 온실가스 배출량은 버스 이용에 따른 배출량보다 7배 이상 많다.[21] 독일의 한 소도시에 관한 연구에서는 개별 교통량을 줄이기 위해 교통혼잡비용과 같은 도로 이용 억제 정책과 함께 무료 대중교통을 결합한다면 훨씬 더 좋은 결과를 얻을 수 있다는 것을 보여준다.[22]

요약

자동차 수송은 '인간의 기본적인 건강과 행복을 위해 보편적이고 필수적인 최소한의 물리적 조건'에 속한다.[23] 지불 능력이 아니라 필요에 따라 모든 사람이 이용할 수 있어야 한다. 자가용 이용을 억제하고 대중교통과 함께 안전한 보행과 자전거 타기를 장려하기 위해 무료 버스 이동을 제안한다. 그러기 위해 잘 규제되고 상호 연결되며 배차 간격이 촘촘하고 운행 시간이 정확하고 자금이 충분히 지원돼야 한다. 무료 버스 이동은 저렴할 뿐만 아니라 다양한 사회적, 경제적, 환경적 편익을 산출할 것이다.

ICT는 새로운 시대의 생활 필수 서비스다

디지털 정보통신기술ICT은 생활 필수 서비스 중 하나로 점점 더 당연시되고 있다. 현재 스마트폰과 노트북은 가계지출의 필수 항목이 됐다. 영국에서 합의된 '최저소득기준minimum income standard'*에도 포함된다.[24] 유엔은 인터넷을 '지속가능한 개발 목표를 달성하기

---

* 최저소득기준은 가난으로 인한 건강 악화, 자녀의 발달 수준 저하, 사회적 배제 등을 피할 수 있는 최소한의 소득으로 영국의 생활임금 산정을 위한 기준이 된다. 자녀가 있는 가정이 물질적 필요를 충족하고 사회에 참여하기 위해 얼마가 필요한가를 알 수 있다. 따라서 최저소득기준은 생존에 필요한 최저 기준이 아니라 사회 참여까지 지원하는 수준의 소득 기준이며 물질적 빈곤의 기준을 지표화하는 빈곤선과는 다르다. 최저소득기준은 매년 7월에 발표된다.

위해 (중략) 전진을 가속화하는 동력'으로 인정하고 있다.[25]

사람들은 온라인에 접속함으로써 사회에 참여하고 학습하고 직장을 찾고 가족이나 친구들과 연락하고 공공서비스에 접근할 수 있다. 사실 보편적 기본서비스의 시행은 곧 정보통신기술에 달려 있다. 영국 정부는 '매우 간단하고 편리해서 모든 사람이 디지털을 선택하도록' 하는 '디지털 디폴트digital by default' 전략을 통해 가능한 많은 서비스를 온라인화하는 것을 목표로 하고 있다.[26] 서비스를 이용하기 위해 온라인으로 접속하는 방식이 일반화될수록 다른 접근 방식은 더 어려워질 것이다.

디지털 이용 격차를 줄여야 한다

정보통신기술이 기하급수적으로 성장하고 있지만 균등하게 배분되려면 아직 갈 길이 멀다. 2015년 세계경제포럼 보고서에 따르면 지구상에는 모바일 가입자가 인구수만큼 많다. 하지만 여전히 전 세계 인구의 절반은 휴대폰이 없으며 4억 5,000만 명은 여전히 통신 신호가 닿지 않는 곳에 살고 있다.[27] '디지털 빈곤digital poverty'은 국가 간 그리고 국가 내에서도 여전히 만연하다. 아이슬란드, 노르웨이, 네덜란드에서는 가구의 95퍼센트 이상이 인터넷에 접속할 수 있지만 멕시코, 코스타리카, 콜롬비아에서는

가구의 3분의 1에서 2분의 1이 인터넷에 접속할 수 없다.[28]

가장 손해를 보는 사람들은 (통신 회사들이 더 먼 장거리를 포괄하는 높은 비용을 감당할 수가 없어 신호가 없거나 미약한) 농촌 지역에 사는 사람들[29]과 기기나 접속 비용을 감당할 여유가 없는 가난한 가구들이다. 한 국가 내에서도 정보 기반 시설에 따른 지역 간 불평등이 첨예하다. 영국의 대도시들은 겨우 최소 표준 임계치보다 낮은 속도에서 광대역 통신을 수신할 수 있다.[30]

상품이 아니라 공공설비로 제공돼야 한다

왜 정보통신기술 접근에서 지속적으로 불평등이 생기는가? 정부들이 '새로운 기술을 공공설비가 아니라 디지털 연결성을 높이기 위한 수단으로 규정함으로써 자유시장 원리를 촉진하고 경쟁을 이용하면서' 시장 실패를 내버려두었기 때문이다.[31] 정보통신기술은 시장가격으로 판매되는 단순한 상품이 아니라 권리의 문제다. 따라서 모두가 이용할 수 있는 충분하고 저렴한 공공재 또는 공공설비로서 다루어야 한다. 다시 말해 보편적 기본서비스가 돼야 한다.

정보통신기술에 대한 접근성은 두 가지 주요 요소, 즉 정보를 전달하기에 충분한 용량(속도, 양, 신뢰성)을 가진 신호와 그 신호를 이용해 통신할 수 있는 기기에 따라 결정된다. 그리고 신호와 기기는 목표를 위한 하나의 수단이라는 것을 명심할 필요가 있다. 궁극적인 목표는 사람들이 사회, 정치, 경제 분야에 참여할 수 있는 수단에 대한 접근성을 보장하는 것이다.

10년 전에 인터넷 접속은 주로 오래된 전화 통신망에 기반한 유선전화를 통해 실행됐다. 오늘날에는 인터넷 접속이 2016년 전 세계 트래픽의 가장 주요한 수단이 된 휴대폰 네트워크를 통해 점점 더 무선으로 실행되고 있다.[32] 따라서 보편적 기본서비스로서 정보통신기술 서비스를 시행하는 방식은 주로는 무선 네트워크에 대한 충분한 접근권을 제공하는 방식이 될 것이다. 지리상 특정 지형의 문제가 있는 경우에는 중간매체를 통한 기술로 해결할 수 있다.

대부분의 국가에서는 공익을 위해 다양한 수준의 경쟁과 규제 의무가 부과된 기업들이 이동 통신망을 관리한다.[33] 모든 경우에서 신호가 전송되는 공역은 공공자산으로 확립됐다. 따라서 공급자들은 전송 주파수의 특정 스펙트럼을 사용할 권리를 경매에서 입찰하고 당국이 설정한 조건에 따라 임대한다. 이 조건에는 인구의 최대 포괄 범위가 포함될 수 있다. 이러한 모델은 20세기에 텔레비전 방송의 성장에 공헌했으며 정부는 공공자산을 이용하는 대가로 민간기업에게 공익 사업을 하라고 요구했다. 텔레비전 시대 이전에는 비슷한 제도들이 전화와 우편 서비스에 대한 보편적 접근을 가능하게 했다.

보편적 기본서비스로서 정보를 제공하는 국가는 정보에 대한 보편적 접근권을 보장하고 기본서비스 비용을 최소한으로 유지하기 위해 규제와 법적 제도를 활용할 수 있다. 예를 들어 2018년 12월 영국 정부는 규제력을 지닌 보편적 서비스 의무USO, universal service obligation에 따라 보편적인 초고속 광대역 통신을 공급하겠다고 발표했다. 이는 2020년까지 모든 영국인이 최소 10메가비트의 속도로 접속할 수 있도록 하는 것이다.[34]

누구나 이용할 수 있게 저렴해야 한다

이 분야에서는 충분한 보편적 기본서비스를 구성하는 것이 무엇이 있을까? 기술이 계속 발전함에 따라 무엇이 충분한지에 대한 아이디어가 늘어날 것이다. 그리고 충분성은 시간이 지나면서 표준을 만들고 검토하기 위해 정보에 기반한 민주적인 대화를 위한 관건이 될 것이다. 일단 보편적 기본서비스로서 정보를 공급하는 비용을 예측할 수 있도록 몇 가지 가정을 세우고 이용 가능한 기존 서비스를 살펴보자.

예를 들어 통화 시간 30분, 메시지 30개, 데이터 30메가바이트를 포함하는 1일 서비스 패키지는 통신과 월드와이드웹상의 정보에 대한 합리적 접근권을 제공한다고 볼 수 있다. 적어도 이 정도의 사용량을 포함하는 상업적 모바일 서비스는 많은 선진국 시장에서 월 10달러(최대 8파운드) 정도의 가격으로 이용할 수 있다.[35] 공용 와이파이WiFi 네트워크는 최소한 같거나 더 낮은 비용으로 그와 동일한 수준의 접속이 가능하다. 이 서비스들은 보통 공공기관, 영리기업, 비영리단체들의 협력을 통해 제공된다. 서비스 비용을 1인당 연간 120달러(또는 90파운드가 조금 넘는 금액)로 결정한다면 경제협력개발기구 국가의 평균 비용[36]은 국내총생산 대비 약 0.3퍼센트 정도가 될 것이다.

기기에 대해서는 어떤가? 여기에는 여러 가지 옵션이 존재하는데 상업적 공급자의 의무, 제조 계약, 국내 생산 등을 들 수 있다. 이 같은 공급 방식들의 조합은 다양한 요구사항을 충족하고 더 많은 선택을 제공하기 위해 이용될 수 있다. 이미 상업적 공급자는 일반적으로 서비스 계약에 무료 기기를 포함하고 있다. 무료 기기 때문에 추가 보조금이 필요하더라도 서비스 비용을 과도하게 올리지는 못할 것이다.

정부와 서비스 공급자가 적합한 기기가 얼마나 필요할지 고려할 때 두 가지 방법이 있다. 정부는 주요 제조업체와 공급 계약을 체결해 자체의 필요를 충족하고 누구나 동일하게 이용할 수 있도록 하거나 기술을 승인해서라도 국내 전용 생산을 협상하는 것이다.[37] 어쨌든 기기를 이용하는 데는 비용이 든다. 만약 여기에 1인당 연간 90파운드 이상을 추가로 한다면 통신 서비스와 기기를 포함해서 보편적 기본서비스로서 정보 제공에 드는 총비용은 경제협력개발기구 국가 평균 국내총생산 대비 0.6퍼센트가 될 것이다.

디지털 숙련기술 교육을 제공해야 한다

서비스와 기기는 사용할 수 있는 숙련기술이 없으면 쓸모가 없다. 디지털 배제의 상당한 부분은 숙련이 부족한 결과다. 2018년 조사 결과 영국에서는 1,130만 명이 기본적인 디지털 숙련기술을 충분히 갖추지 못했고 430만 명은 디지털 숙련기술이 전혀 없는 것으로 나타났다. 나이, 성별, 저소득은 낮은 숙련기술의 주요 예측 변수였다.[38] 디지털 숙련기술을 더 보편화하는 일은 (보편적 기본서비스로서) 교육의 몫이다. 초중등 교육과정 개편은 물론 학교가 기술 교육을 제공할 수 있도록 충분한 자원을 필요로 한다. 성인 교육 서비스는 진화하는 기술에 발맞춰 숙련기술을 향상하기 위해 반드시 필요하다.

인터넷을 민주화하고 거대기업을 통제해야 한다

사람들이 정보통신기술에 대해 갖는 주요한 우려 사항 중 하나는 정부와 개인에 대한 소수 글로벌 기업의 영향력이 점점 더 커지고 있다는 점이다. 그러므로 이 시점에서 현재 전 세계의 마을, 도시, 지역에서 글로벌 기업의 힘을 억제하기 위해 수많은 시도를 하고 있다는 점에 주목해야 한다. 그들은 신호의 속도와 도달 거리를 개선하고 (도서관, 카페 등) 공공장소를 이용할 수 있게 하며 기기를 공유하고 맞춤형 지역 플랫폼을 통해 근린 내 통신을 가능하게 하고 디지털 기술 교육을 제공하며 정부에 로비를 넣는 등 인터넷 접근을 확대하기 위해 다양한 노력을 하고 있다.[39]

일부는 공공기업 또는 영리기업과 제휴하며 나머지는 독립적으로 활동한다. 바르셀로나의 구이피넷Guifi-net은 스스로를 "커먼즈 모델에 근거해 중립적인 무료 개방형 통신망을 만드는 것을 목적으로 하는 시민 주도의 상향식 기술적, 사회적, 경제적 프로젝트다."라고 설명한다.[40] 매그놀리아 로드 인터넷 협동조합Magnolia Road Internet Cooperative은 '이윤보다 고객'을 우선시해 콜로라도의 산악 지역에 초고속 인터넷을 설치하는 것을 전문으로 한다.[41] '플랫폼 협동조합Platform cooperatives'은 간호사, 배달 기사, 음악가, 돌봄 제공자, 사진작가, 그밖에 여러 사람들로 조직됐으며 점점 성장하고 있다. 인터넷을 민주화하고 통제함으로써 아마존이나 우버와 같은 거대 기술 기업들의 지배에 도전한다.[42]

그들은 규모, 형태, 작업 관행 등이 천차만별이고 너무나 다양하기 때문에 전형적이라고 부르는 것은 정당하지 않다. 하지만 그들은 돌봄과 주거 서비스 분야에서 차지하는 지역 협동조합이나 다른 비영리단체의 비중만큼 정보통신기술 분야의 보편적 기본서비스에서 큰 비중을 차지하고 있다. 만약 공공 당국이 그들을 인정하면서 가치를 평가하고 충분히 지원한다면 계속해서 번창하고 성장할 것이다. 그들은 정보통신기술을 저렴하고 쉽게 이용할 수 있게 하는 것은 물론이고 결정적으로 인터넷을 사용하는 방식을 통제하고 바꿀 수 있을 것이다.

정보통신기술을 보편적 기본서비스로 제공해야 한다

보편적 기본서비스는 일상적인 필요를 충족하는 수단이다. 따라서 정보통신기술을 보편적 기본서비스로 제공한다면 현재 디지털 배제에서 발생하는 불평등을 줄일 수 있을 것이다. 또한 사람들이 이동하지 않아도 계속 연락을 주고받을 수 있게 될 것이다. 경제적인 면에서는 모든 단계에서 비즈니스의 발전에 도움이 된다. 경제협력개발기구 35개국을 대상으로 한 15년간의 연구에 따르면 정보 교환, 새로운 서비스, 원격근무 덕분에 광대역 투자와 경제 성장 사이에 강한 긍정적인 연관성이 있음이 드러났다. 이는 국내총생산이 연평균 0.38퍼센트 증가하는 데 도움이 됐다.[43]

요약

정보통신기술을 보편적 서비스로 구축하기 위해서는 상품이 아니라 공공설비로서 접근하는 공공재로 인정해야 한다. 보편적 기본서비스로서 정보통신기술은 다른 서비스들을 좀 더 효율적이고 융통성 있게 그리고 규모에 맞게 실현할 수 있게 하는 잠재력을 가지고 있으며 보강하는 기능이 있다. 정부는 더 강력한 규제로 개입하고 보편적 서비스 의무를 실행하게 할 목적으로 지원을 해야 한다. 또한 포용적 접근을 위해 지역이 주도성을 발휘할 수 있게 장려하고 특히 현재 서비스에서 배제된 사람들을 위해 충분한 학습을 지원하는 것이 중요하다.

그 누구도 굶는 일은 없어야 한다

앞서 살펴보았듯이, 보편적 기본서비스의 접근 방식은 필요 영역마다 다른 형태를 취할 수밖에 없다. 그런데 더 나아가 다른 분야에도 집단 책임을 적용할 수 있을까? 보편적 기본서비스의 범위에 포함되는 것과 포함되지 않는 것을 어떻게 결정할 수 있을까?

인간의 필요에 대한 이해에서 출발하면 생존하고 번성하기 위해 어떤 것들이 필수적인지 알 수 있다. 이 필수 요소들은 두 가지 경우로 구분된다. 하나는 현행의 사회 규범으로 볼 때 사람들이 소득으로 지불하는 것이 합리적인 경우다. 다른 하나는 모든 사람이 생활필수품이나 서비스를 이용하면서도 '미래 세대가 자신의 필요를 충족할 수 있는 능력을 훼손하지 않고 현재의 필요'를 충족할 수 있도록 집단 책임을 이행하는 것이 타당한 경우다.

이 책의 범위를 벗어나지만 간단히 음식을 예로 들어보자. 모든 사람은 적절한 영양분이 필요하다. 단언컨대 모든 사회는 반드시 그 누구도 굶고 사는 일이 없도록 할 책임이 있다. 현대 민주주의 정부들이 모든 사람에게 음식을 무료로 공급할 의무가 있다는 뜻은 아니다. 정부는 모든 사람이 필요한 음식을 구할 수 있도록 하고 충분히 영양가 있는 음식을 섭취할 수 있도록 보장해야 한다는 의미다.

어떤 아이도 배고픈 상태로 학교에 가서는 안 되고 어떤 가족도 난방과 식사 중 하나를 선택해야만 하는 일이 없어야 한다. 그러나 이러한 일들이 많은 부유한 나라들에서 일어나고 있고 식량 부족과 배고픔이 증가하고 있으며 자선단체들이 무료로 음식을 제공하는 푸드 뱅크가 늘어나고 있다. 영국의 트러셀 트러스트Trussell Trust와 같은 식품 자선단체들은 푸드 뱅크란 단지 긴급대응일 뿐이라는 점을 분명히 한다.[44] 식량 부족은 소득 불안정성, 기업 폭리, 열악한 주거, 질병, 실업, 가족 붕괴, 사회적 고립과 같은 요인들과 복잡하게 얽히고 연결돼 있다. 따라서 푸드 뱅크는 식량 부족 문제에 대한 해답이 될 수 없다.

보편적 기본서비스의 접근 방식과 가장 잘 어울리는 서비스는 가족 소득과 상관없이 모든 학생에게 무료 급식을 제공하는 것이다. 영국에서는 무료 학교 급식이 초등교육 준비반과 1~2학년의 모든 학생에게 제공되지만 그 외 학년의 학생들에게는 자산조사에 따라 제공된다. 세 곳의 런던 시의회는 모든 초등학교 학생에게 무료 점심 급식을 제공하며 런던의 네 번째 의회인 해머스미스Hammersmith와 일링Ealing은 가족 소득과 관계없이 모든 초등

학교 학생들에게 무료 아침 식사를 제공하며 2020년부터는 2개 중학교에서 모든 학생에게 무료 점심 급식을 제공하는 시범 사업을 운영하고 있다. 시범 사업의 목적은 낙인을 찍으면서 너무 많은 사람을 배제하는 것으로 밝혀진 자산조사 시스템의 결점을 보완하고 아이들의 건강과 행복 그리고 교육 성과를 전반적으로 향상하는 것이다.[45]

핀란드는 1943년부터 보편적 서비스로서 무료 학교 급식을 제공해왔다. 이제 아이들은 여름철 동안 헬싱키의 공원에서 따뜻한 무료 점심을 먹을 수 있게 됐다.[46] 무료 학교 급식과 함께 사회보장 제도를 근본적으로 개선한다면 사람들이 충분히 음식에 대한 필요를 충족할 수 있을 것이다. 교육, 보건, 돌봄, 주거, 교통, 정보 접근을 위한 필요를 충족하는 양질의 공공서비스도 마찬가지다. 각 서비스가 다른 방식으로 사람들이 건강한 식사를 할 수 있도록 돕고 문제점들을 해결하기 때문이다. 그렇다고 해서 이 서비스들이 모든 사람에게 필요한 식량을 보장하는 방법에 대한 온전한 답은 아니다.

어떤 종류의 음식을 구할 수 있는지, 가격이 저렴한지, 그리고 사람들이 번성할 수 있을 만큼 영양가가 충분한지도 중요하다. 우리의 식습관을 형성하는 것은 무엇인가? 신선한 과일과 채소를 구할 수 있고 가격이 저렴한가? 왜 수많은 사람이 소금과 설탕과 포화지방이 많이 들어 있는 식사를 하는가? 음식의 소비 패턴은 자연환경에 얼마나 의존하고 또한 영향을 미치는가? 나의 음식 선호도는 다른 사람들의 생활과 식습관에 어떻게 영향을 미치는가?

보편적 기본서비스를 음식에 적용하려면 총체적인 시스템 접근법이 필요하다. 모든 사람은 영양가 있는 음식을 충분히 먹을 권리가 있다는 명제에서 시작하는 것이 좋겠다. 이 권리는 지속 가능한 식량 생산을 지원하는 무역과 농업 정책, 건강하고 저렴한 음식을 권장하기 위한 기업 규제, 유해 음식을 제한하기 위한 광고와 판매에 대한 법적 통제 등과 관련된다는 것을 깨달아야 한다. 가능한 한 많은 식량을 지역에서 재배, 판매, 소비할 수 있도록 하고, 탄소배출량이 많은 '원거리 수송 식품food miles'을 줄이고, 공동의 식량 생산과 소비를 촉진하는 지역 시책을 지원하고, 빈곤 지역에 더 이상 '푸드 사막food deserts*'이 없이 모든 곳에서 좋은 식량을 구할 수 있도록 보장하는 정책들이 있을 것이다.

보건과 교육 서비스는 모든 사람에게 건강한 식사를 장려하고

---

* 푸드 사막은 고기, 과일, 채소와 같은 신선 식품에 대한 접근성이 제한된 지역을 가리키는 표현이다. 주로 이동성이 떨어지고 구매력이 높지 않은 저소득층 주민들이 사는 곳에 존재한다.

무엇을 먹는 것이 좋고 왜 중요한지에 대해 지식을 가지도록 함께 일할 것이다. 학교, 병원, 아동 돌봄 센터, 요양원, 기타 공공기관은 그들의 서비스를 이용하는 모든 사람에게 식욕을 돋우고 영양가가 있는 식사를 공급할 것이다. 사회보장 제도의 근본적 개혁은 모든 사람이 충분한 음식을 살 수 있도록 보장할 것이다. 푸드 뱅크는 흘러간 과거가 될 것이다.

따라서 보편적 기본서비스로서 음식은 단일 서비스를 제공하는 것이 아니라 포괄적인 일련의 정책과 실행을 개발하는 것을 의미한다. 다시 말해 건강한 식사가 표준이 되고 모든 사람이 저렴하며 영양가 있고 지속가능한 식량을 구할 수 있도록 식품의 생산, 유통, 소비를 형성하고 조정함으로써 공익에 봉사하기 위해 집단적으로 생겨나는 일련의 활동들이라고 할 수 있다. 음식 서비스가 복잡하다고 해서 보편적 기본서비스 목록에서 제외해서는 안 된다. 보편적 기본서비스로서 음식의 필요가 충족될 때 개인 구매와 집단 책임은 동전의 양면이라는 사실이 증명될 것이다.

6장

더 나은 보편적 기본서비스를
만들어가자

　보편적 기본서비스라는 제안은 처음이라 낯설어서 아직은 직접적인 도전이라고 할 만한 반응을 끌어내지 못하고 있다. 사실상 다양한 비판이 나타나는데 대략 다음과 같이 요약할 수 있다. 보편적 기본서비스는 큰 정부, 중앙집권적 권한, 온정주의, 사회공학으로 이어진다. 국가는 비전을 실현할 능력이 없다. 어떻게 결정되는지가 명확하지 않다. 대기업은 더 많은 자산을 축적할 것이다. 현행 이해당사자들의 강한 저항에 부딪힐 것이다. 자본주의와 양립할 수 없다. 단편적인 개혁이 아니라 근본적인 변화를 요구한다.[1] 마지막으로 덧붙일 중요한 비판으로는 보편적 기본서비스에 얼마의 비용이 들며, 과연 저렴하게 이용할 수 있을

지에 대한 의문들이다.

이 비판들은 타당하다. 보편적 기본서비스에 대한 열망, 철학적 기반, 비용과 편익, 그리고 이행을 위한 기본적인 사항들을 충실하게 구체화하기 위해 해야 할 일들이 매우 많다는 것은 명백하다. 우리는 그 여정의 첫 단계에 착수했을 뿐이다. 하지만 이제까지 한 작업을 바탕으로 몇 가지 도전 과제를 다룰 수 있게 됐다.

정부의 권한과 역량이 바뀌어야 한다

보편적 기본서비스 체계가 중앙정부의 권한을 강화하는 정도는 부분적으로는 지방으로 권한이 얼마나 위임되는가에 달려 있다. 그러나 지방분권이 그 자체로 더 나은 정책이나 실행을 위한 비법은 아니다. 지방분권은 지역적, 국가적으로 작동하는 정치적 구조와 전략에 따라 달라진다.[2]

정부가 서비스를 항상 직접 제공해야 하는 것이 아니다. 그보다는 소유 모델이 다른 다양한 조직들이 제공해야 한다는 점을 분명히 하고자 한다. 더 많은 권한 이양과 세제 개혁을 통해 더욱 지방분권화된 권력이 서비스 투자 자금을 마련하는 것을 구상해볼 수 있다. 그렇다 해도 중앙정부가 핵심 기능을 유지하는 것, 특히 모든 사람이 지불 능력이 아니라 필요에 따라 어디에서 살든지 상관없이 서비스를 충분히 이용할 수 있도록 보장하는 것이 핵심이다. 이는 지방의 자금을 보충하는 중앙정부의 투자 시스템이 지방 간 형평성 있는 분배를 위해 조정돼야 한다는 것을 의미한다.

보편적 기본서비스를 실행하는 정부 역량에 관해 말하자면 이 제안을 현 상황에 그대로 이식하겠다는 환상은 없다. 다만 분명히 밝히고 싶은 것은 보편적 기본서비스의 아이디어를 실현하기 위해 필수적인 두 가지이다. 즉 지방정부와 중앙정부 간에 새로운 종류의 관계를 형성하는 것과 공공 당국의 문화와 관행이 의미 있게 변화하는 것이다. 공공 당국이 완전히 바뀌어야 한다. 그래서 서비스를 제공하는 다양한 방법을 마련하고 지원하고 사람들의 필요를 충족할 수 있기를 바란다.

스페인의 바르셀로나, 이탈리아의 볼로냐, 벨기에의 헨트, 미국 오하이오주의 클리블랜드, 영국 랭커셔주의 프레스턴과 같은 도시에서 배워야 할 교훈이 있다. 이 도시들의 시 당국은 지역 주민들이 생활 필수 서비스 이용 권리를 더 많이 통제할 수 있도록 다양한 방법을 시도하고 있다. 예를 들어 바르셀로나에서 '시민 플랫폼'으로 불리는 바르셀로나 엔 코무Barcelona en Comú는 수백 개의 협동조합과 기타 지역 사회 주도 단체, 공익단체들을 포함하는 소위 협력 경제collaborative economy를 장려하도록 시 정부를 주도해왔다. 볼로냐에서는 시 정부가 '도시 커먼즈의 돌봄과 재생'을 위한 선구적 규제를 도입하고 협업 서비스, 공유기업, 공동생산 등과 관련된 시민단체와 90여 개의 '협력 협약'을 맺었다.

플랑드르의 도시 헨트는 '복합 거버넌스poly-governance' 모델을 촉진하는 의욕적인 '커먼즈 전환 계획'을 승인했다. 지역에서 기획한 사회경제적 계획을 지원하고 규모를 확대하기 위해 국가, 시장, 시민 사회가 함께 협력하고 있다. 오하이오주 클리블랜드가 추진하는 에버그린 협동조합 계획Evergreen Cooperatives Initiative은 지역 기업, 재단, 공공 부문 조직이 함께 일하면서 지역 협동조합에 생활임금 일자리를 창출하고 빈곤 지역을 바꾸어가고 있다.[3] 이러한 접근 방식에 고무된 영국 프레스턴 시의원들은 새로운 벤처협동조합과 신용협동조합을 장려하고 공공단체들이 지역에서 돈을 쓰도록 설득했다. 그러자 도시들이 쇠락의 기운이 완연한 상태에서 벗어나기 시작했다.

하지만 이 모험들은 지역 진보 단체들에게조차 비판을 받았다. 이 모험들을 이상화하는 것은 어리석은 일일 것이다. 이 모험들은 진행 중인 과정에 있다. 모두 지방정부와 지역 주민들 간의 관계를 바꿔가려는 의지를 보여준다. 즉 지역의 통제 아래 권한을 이양받은 다양한 시민단체와 조직이 서비스를 설계하고 제공하는 역할을 이미 하고 있거나 할 수 있다는 것을 보여준다.

민주적 의사결정 체제를 갖춰야 한다

민주적인 의사결정 체계는 필수적이다. 신경제재단은 '일반인, 종사자(예를 들면 서비스 전달 부문), 기타 전문가, 민주적으로 선출된 대표 등이 함께하는 대화'를 제안했다.[4] 이 접근 방식은 지방 또는 국가 차원에서 공동으로 어떤 필요가 충족돼야 하는지를 결정하고 서비스와 기타 적합한 활동을 설계하는 데 이용될 수 있다. 참여 민주주의와 대의 민주주의의 요소를 결합한 접근 방식으로 미국, 유럽, 기타 국가에서 시민 배심원단, 숙의 투표, 국민 토론회, 타운홀 미팅 그리고 그와 유사한 기획의 경험을 기반으로 하고 있다.

대표적인 사례로는 2016년과 2018년 사이 낙태에 관한 법률 등을 비롯한 다양한 문제를 검토하기 위해 소집된 아일랜드 시민 총회Ireland's citizens' assembly가 있다.[5] 이때 광범위한 인구 집단을 대표하는 방식으로 일반 회원들이 선정됐다. 그들은 증거를 검토하고 내부적으로 그리고 전문가들과 관련 문제를 논의해 합의를 거쳐 결론을 도출했다. 그들의 결론은 낙태를 합법화하는 국민투표로 이어졌다. 이런 종류의 3방향 숙의 대화 체계는 대의 민주주의를 대체하려는 것은 아니다. 국민의 시각, 가치, 일상적 경험을 근접하게 되살리고 가치를 높이자는 것이다.

대기업의 독점과 폭리를 막아야 한다

대기업들이 확대되는 서비스 공급 시장을 지배하도록 허용한다면 이윤을 극대화할 위험이 있다. 이를 피하려면 우리가 계획한 바와 같이 보편적 기본서비스가 다양한 공급자들과 조치들, 즉 공공기관과 기타 비영리단체들이 권장하고 지원하는 조치들과 함께 잘 규제된 시스템을 갖추어야 한다. 이는 영리기업과 비영리기관을 가치, 목표, 기대를 공유하는 체계 안으로 들여오는 동시에 경제에서 비영리 부문의 역할을 강화하는 것을 의미한다. 유럽연합의 지속가능한 평등을 위한 위원회Commission for Sustainable

Equality는 '사회연대경제social and solidarity economy'를 건설하고 지원하기 위한 새로운 대책을 권고하고 있다. 이는 지배적인 이윤 추구 모델에 대한 단순히 '부가적인' 또는 제한적인 대안이 아니다. 사회적, 환경적, 민주적 관점에서 '진정으로 지속가능한 경제를 위한 장기적인 주류 모델'이 되려는 것이다.[6]

맨체스터학파는 '사회적 허가social licensing' 제도를 제안한다. "서비스를 제공하면서 대외구매, 직업훈련, 생활임금 지급 등의 사안과 관련해서 공동체 책임에 대한 협상 기준을 충족해야" 거래에 대한 권리를 주는 제도다.[7] 현재 여러 유럽 국가에서 시행되고 있다. 이 같은 제도를 시행하지 않는 국가들은 비록 불분명한 개념이긴 해도 '기업의 사회적 책임'에 대한 정의를 강화하여 이용할 수도 있다.

자본주의하에서도
보편적 기본서비스는 가능하다

보편적 기본서비스에 대한 선거 지원을 지속하고 승리하기 위해 어떻게 대처할 것인가? 최근 아일랜드의 시민 회의나 1999

년 스코틀랜드 최초의 의회와 권한 이양의 토대를 마련한 1995년 스코틀랜드 헌법 제정 회의의 경험 등에 근거해 판단하자면 민주적 대화 체계를 확립하는 것은 분명 도움이 될 것이다.[8] 조금씩 변화해가면서 실수를 바로잡고 가능하다면 성공을 입증해가면서 배울 수 있도록 해야 한다. 그렇게 하면 서비스 계약은 접근성과 품질을 개선하고 대중적 참여를 강화하기 위해 계속 갱신되며 달라질 수 있다. 현행 공급자는 변화에 저항하게 마련이다. 그들의 규모가 크고 부유할수록 영향력은 더 강할 것이다. 그들이 얼마나 우세한지는 변화가 도입되는 정치 경제적 여건에 달려 있다.

보편적 기본서비스가 자본주의와 양립할 수 없는가 하는 질문은 제기될 만하다. 자본주의는 전후 합의가 보여주듯이 공동 필요를 충족하기 위해 집단 책임을 이행하는 것과 본질적으로 상반되는 것은 아니다. 현재 신자유주의적 자본주의 국면은 작은 국가와 자유시장을 선호하고 있다. 보편적 기본서비스가 번성할 수 있는 조건이 아니다. 그럼에도 세계 각국에는 여전히 자본주의와 복지제도 모두 다양한 모델이 존재한다. 몇몇 국가의 모델은 영어권 국가들의 지배적인 모델보다 보편적 기본서비스에 덜 적대적이고 더 도움이 된다. 이 모델 중 일부는 보편적 기본서비스와 아무 문제 없이 공존할 수 있지 않을까? 이러한 질문들에 대한 논쟁이 더 많아지길 바란다. 하지만 이러한 생각을 실제로 시험해보기 전에는 아마도 알 수 없을 것이다.

보편적 기본서비스 비용이 늘어나지만 감당할 수 있다

보편적 기본서비스는 야심적인 제안이다. 개인에게 보편적으로 저렴한 서비스가 또한 집단에게도 적용될 수 있는지를 질문하는 것은 타당하다. 제안된 모든 새로운 서비스와 현존하는 보편적 서비스의 개선에 드는 비용은 서비스에 따라 또 국가마다 다를 것이다.

비용을 상세하게 계산하지는 않았다. 4장과 5장에서 각각 제안된 새로운 서비스 분야에서 다양한 출처의 표본 데이터를 사용해 몇 가지 예시적인 비용을 제공했다. 비용을 비교적 일관성 있게 끌어내기 위해 국내총생산 대비 비중을 공통 지표로 사용해왔다. 물론 대부분의 경제협력개발기구 국가들은 이미 의료, 돌봄, 교통, 디지털 정보 접근에 상당한 지출을 하고 있다. 몇몇

국가의 경우 일부 서비스는 이미 보편적 기본서비스로 이용할
수 있게 했다. 아직은 우리가 보편적으로 제공돼야 한다고 제안
하는 보편적 기본서비스를 모두 시행하는 국가는 없다. 우리가
제안하는 서비스에 필요한 연간 총 추가 지출이 한번에 전면 시
행된다면 경제협력개발기구 국가 기준으로 국내총생산의 약 4.3
퍼센트가 될 것으로 추산된다. 다음 표는 어떻게 수치를 도출했
는지에 대한 간략한 요약이다(〈표 6.1〉).

- 아동 돌봄: 아동 돌봄을 양질의 보편적 서비스로 제공하는
  데 필요한 예산 지표다. 국내총생산 대비 1.4퍼센트를 제안
  하고자 한다. 이는 현재 아동 돌봄 지출에 대해 가장 관대
  한 4개국의 아동 돌봄 지출액 평균을 기준으로 도출된 것
  이다.
- 성인 사회적 돌봄: 의료 서비스 지출에 더해 추가 비용에 대
  한 추정치를 이용했다. 반면에 다양한 국가들에서 공식적
  공급과 비공식적 돌봄 간 균형의 차이가 크다는 것을 인정
  했다. 2014년 경제협력개발기구 30개국 평균은 국내총생
  산의 1.4퍼센트였다. 이것을 지출의 출발점으로 사용했다.
- 주거: 사회임대주택의 상당한 확대를 근거로 세계번영연구

〈표 6.1〉 보편적 기본서비스에 대한 지출 제안(국내총생산 대비 비중)

	국내총생산 대비 %
교통	0.4%
정보와 통신	0.6%
아동 돌봄	1.4%
성인 사회적 돌봄	1.4%
주거	0.5%
	4.3%

소의 「보편적 기본서비스 보고서」(2017년)의 추정치를 이용해 국내총생산의 0.5퍼센트를 예산으로 책정했다. 이 경우 자본 비용은 30년 만기 채권 발행으로 분산된다. 불필요해지는 미래 주거급여의 비용 절감도 고려했다. 국가 간 토지와 건물 비용의 차이가 크고 사회적으로 임대된 부동산의 기존 재고가 있기 때문에 균일한 예산을 책정하기는 어렵다. 하지만 국내총생산 대비 0.5퍼센트의 투입은 모든 나라에 확실히 의미 있는 영향을 미칠 것이다.

· 교통: 직장과 기타 공공서비스에 닿을 수 있도록 지역 교통의 접근성을 보편화하려면 추가 지출이 필요하다. 교통 확대를 위한 예산의 합리적인 추정치는 국내총생산의 0.4퍼센트다.[9]

· 정보: 공공 와이파이와 같은 대안은 일부 지역에서 1인당

비용을 크게 줄일 수 있다. 하지만 국내총생산 대비 약 0.6 퍼센트는 일반적인 경제협력개발기구 국가에서 서비스 접속과 기기 비용을 모두 포함할 수 있다.

우리가 제안한 보편적 기본서비스 확대 계획은 현행 공공지출을 크게 늘릴 것으로 예상된다. 그러나 전체적인 관점으로 보면 칠레와 아일랜드를 제외한 모든 경제협력개발기구 국가에서 총정부지출의 15퍼센트도 안 된다.[10] 1940년대 후반 영국의 정부지출은 전후 재건과 새로운 복지국가 사업에 자금을 지원하기 위해 국내총생산 대비 약 20퍼센트까지 증가했다. 더 최근인 2008년에 영국과 미국 정부 모두 금융위기에 대처하기 위해 국내총생산의 6퍼센트 이상으로 공공지출을 확대했다.[11] 이러한 사례와 직접 비교될 수는 없지만, 정부가 지출 확대를 결정할 때 현대 경제학의 규칙을 적용하기보다 정치적 선택을 한다는 것을 알 수 있다.

우리가 계산한 비용은 보편적 기본서비스로 근본적인 변화해서 생길 잠재적 비용 절감은 고려하지 않았다는 점에 주목해야 한다. 첫째, 개인보다 집단의 필요를 충족하게 될 경우 규모의 경제가 존재할 것이다. 둘째, 사람들이 필요를 충족하는 방식을 가능한 한 공동생산하는 방식으로 서비스를 체계화할 것을 요구한다. 이는 유급 노동을 하지 않는 인적 자원을 서비스 과정에 끌어들여 충분하게 지원하면 관련된 개인들의 행복을 개선할 수 있다. 또한 전체 비용의 증가 없이도 서비스의 질과 범위를 개선할 수 있다. 국가의 책임을 가난한 지역 사회에 '떠넘기는 것'이 아니라 공공기관의 정책과 관행을 바꿈으로써 가능하다고 생각한다. 셋째, 필요를 충족하기 위한 집단행동은 그렇지 않을 경우 더 큰 비용을 들여 해결해야 할 폐해를 방지할 수 있다. 넷째, 보편적 기본서비스는 경제적 차익뿐만이 아니라 사회적, 생태적으로도 상당한 투자 수익을 창출할 수 있다.

그렇다면 그 돈은 어디에서 가져와야 할까? 보편적 기본서비스에 투자할 공공자금을 마련하기 위한 핵심적인 선택지들은 기존 세금의 인상, 새로운 세금 신설, 차입, 정부의 부문별 재정지출의 조정을 통한 자금 재분배 등이 될 수 있다. 앞서 (장기 국채 발행을 통한) 차입이 주택과 같은 물질적 기반시설에 투자하기에 적절한 선택이라고 언급했다. 하지만 여기에서는 간략하게 공동통화와 주권 통화shared and sovereign currencies를 가진 나라에서 이용할 수 있는 세금과 세입의 선택에 집중하고자 한다. 〈그림 6.2〉는 경제협력개발기구 국가들의 총조세가 크게 차이가 난다는 것을 보여

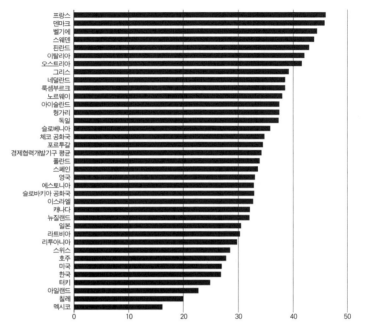

〈그림 6.2〉 경제협력개발기구 국가들의 국내총생산 대비 조세 수입 비중 (%)

출처: 경제협력개발기구[12]

준다.

경제협력개발기구 국가들의 국내총생산 대비 조세 수입 평균
은 34퍼센트다. 하지만 많은 유럽연합 회원국이 이 비율을 초과
하고 있다. 프랑스, 덴마크, 스웨덴, 이탈리아는 국내총생산의 40
퍼센트를 훨씬 웃돈다. '영어권' 국가의 세수 비중은 평균을 밑돌
고 있는데 영국 33퍼센트, 캐나다 32퍼센트, 호주 28퍼센트, 미

국 27퍼센트다. 조세제도와 기타 세입 증대 정책 또한 국가마다 크게 다르다. 조세제도와 정책은 정치적 지원에 따라 달라진다. 이는 결국 역사와 문화를 비롯한 특수한 국가적 요인에 달려 있다. 일부 국가에서는 지방정부가 훨씬 더 강력한 세수 증대권이 있으며 미국이나 독일과 같은 연방제에서는 주 정부에게 상당한 재정 자주권이 있다. 이 같은 세금의 규모와 구성의 차이를 고려할 때 보편적 기본서비스 비용을 충당하기 위해 늘려야 할 세수를 일반적인 권고안으로 제시하는 것은 도저히 불가능하다. 그래서 영국에 초점을 맞추고자 한다.

영국과 이와 유사한 저세율 국가는 보편적 기본서비스를 위해 국내총생산의 4퍼센트를 추가로 부담할 정도로 상당한 재정적 여유가 있다. 〈그림 6.3〉은 1980년 즈음의 급격한 하락 이전 수준을 넘어서지 않는 정도까지는 영국의 세금을 상향 조정할 수 있다는 것을 보여준다. 결론에서 주목하듯이 공공서비스에 대한 지출 증대를 지원할 수 있을 것으로 보인다.

보편적 기본서비스에 들어가는 자금 조달 수단이 무엇이 됐든 주의할 점이 세 가지가 있다. 첫째, 저소득 가구가 가처분소득의 가치를 보존할 수 있도록 세제 개혁을 설계해야 한다. 소득세는 보통 소득 규모의 증가에 따라 세율이 오르도록 누진적으로 책

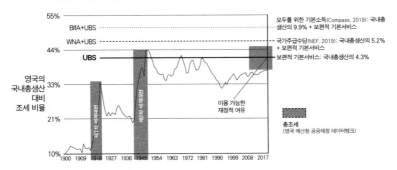

〈그림 6.3〉 보편적 기본서비스와 보편적 기본소득에 필요한 조세 수준

정된다. 반면에 부가가치세와 같은 소비세는 저소득 가구의 경우 소득의 많은 부분을 기본적인 필수재에 지출하기 때문에 역진적이다. 한 가지 제안은 사치품과 지속 불가능한 소비재에 대해 더 높은 세율이 부과되는 '스마트 부가가치세'를 도입해 소비세를 보다 누진적으로 설계하는 것이다.[13]

둘째, 연대를 저해하기보다는 세수 증대 시스템을 강화해야 한다. 보편적 기본서비스는 모든 사람이 어디에 살고 돈이 얼마나 있는지에 관계없이 자기 필요에 따라 서비스를 이용할 수 있도록 동등한 접근권 보장을 목표로 한다. 따라서 소득이 낮은 지역에서 필요가 더 큰 경우가 많다. 만약 서비스가 지역에서 발생한 자원에만 의존한다면 가난한 지역의 사람들은 자신들이 형편없는 서비스를 받는다는 것을 알게 될 것이다. 중앙정부가 자금

을 조달해 공평하게 분배하고 지역에서 발생한 자원을 보완하는 역할을 확실히 해야 한다.

동시에 가장 광범위한 인구를 대상으로 하는 세수 증대가 중요하다. 세금을 내는 사람들이 많을수록 집단 책임의 기반은 더 튼튼해지기 때문이다. 최근 몇 년간 많은 정부가 소득세 부과 대상에서 최저 소득층을 제외해왔다. 이런 처방은 공평하면서 정치적으로 시의적절해 보일 수도 있다. 하지만 역진적인 판매세의 인상 압력을 높이고 민주주의 권력을 저소득층에서 상류층에 몰아주는 두 가지 부정적인 효과가 나타나고 있다. 궁극적으로 사회의 민주적 구조와 사회계약의 하나로서 보편화된 과세 원리를 해칠 수 있다.

셋째, 진보적인 정책 과제가 되는 다른 중요한 사안들을 위한 공공자금의 필요성을 존중하는 것이다. 하나의 사례로 지속 가능한 경제로의 전환을 들 수 있다. 재생에너지 개발, 주택 개조, 교통 시스템 혁신과 기타 많은 정책이 해당된다. 또 다른 사례는 사회보장 제도를 개혁함으로써 모든 사람이 사회임금은 물론 생계소득도 얻을 수 있게 하는 것이다.

기본소득과 보편적 기본서비스
둘 다를 할 수는 없다

지금까지 소개한 주의점들을 염두에 두고 개인 비과세수당(재무부가 포기한 돈인 만큼 숨겨진 또는 '불분명한' 공공지출의 한 유형)을 줄이는 선택에 대해 간단히 살펴보자. 개인 비과세수당은 진보적인 개혁가들에게 인기 있는 대상이다. 하지만 현 상태로는 부유층 납세자들에게 더 많은 혜택이 돌아간다. 최근 영국에서 제안된 세 가지 정책은 이런 접근법을 채택하고 있다. 기본소득 제도와 함께 보편적 기본서비스를 고려할 때 생길 쟁점들을 해결하는 실마리를 얻을 수 있다. 이에 대해 언급하고자 한다(〈그림 6.3〉 참조).

첫 번째는 세계번영연구소의 독창적인 보편적 기본서비스 제안이다. 주거, 음식, 교통과 정보 등을 포함한 다양한 서비스를 제안하는 모델로서 총비용은 국내총생산의 2.3퍼센트가 든다. 영국의 비과세수당을 연간 1만 1,000파운드에서 4,300파운드로 줄여 자금을 조달할 수 있는 금액이며 기존의 보상적인 현금 급여제도도 그대로 유지할 수 있다.

두 번째는 신경제재단의 제안으로, 모든 자산조사 기반 수당을 유지하면서 기존 아동수당을 높이고 모든 성인에게 매년 2,500 파운드의 국가주급수당weekly national allowance(WNA)을 지급하는 방안이다. 이를 위해 연간 국내총생산의 5.2퍼센트에 해당하는 전체 비과세 수당액을 재분배해 자금을 조달할 수 있다. 제안자들은 국가주급수당은 부분적인 보편적 기본소득이 아니며 보편적 기본소득을 위한 경로 또한 아니라고 주장한다. 근본적으로 확대되는 공공서비스와 사회 기반시설 프로그램과 양립할 수 있도록 설계됐다고 말한다.

세 번째는 런던에 본부를 둔 선거운동단체인 컴퍼스Compass가 제안한 부분적인 보편적 기본소득이다. 생산가능인구의 경우 연간 3,120파운드, 아동의 경우 연간 2,080파운드, 65세 이상의 경우 연간 9,100파운드에 달한다. 저소득층을 위해 기존의 모든 자산조사 기반 급여는 유지하면서 전반적인 누진 효과가 지속될 수 있도록 더 낮은 소득세율을 새롭게 도입했다. 부분적인 보편적 기본소득은 자산조사에 기반하지 않은 다양한 급여와 연금을 대체하고 전체 비과세수당을 폐지함으로써 지급될 수 있다. 그래도 여전히 610억 파운드가 부족한 부분에 대해서는 소득세율과 국민보험료를 인상해 보전할 것을 제시한다. 이 제안은 누진적 효과는 있다. 하지만 생활을 유지하기에는 여전히 충분치 않고 국내총생산의 9.9퍼센트가 든다. 보편적 기본서비스보다 두 배 이상 큰 비용이다.

보편적 기본서비스는 복잡성과 자산조사를 줄이기 위해 사회 보장급여를 개혁하는 프로그램과 반드시 함께 가야 한다. 보편적 최저소득이나 국가주급수당을 개혁의 하나로 고려할 수도 있다. 하지만 액수가 많지 않은 기본소득 제도일지라도 보편적 기본서비스와 양립하는 것은 매우 어려울 수 있다. 우리가 기술했던 이념적 차이와는 전혀 별개로 기본소득 제도는 주거, 사회 기반시설, 녹색 투자와 환경 보호 같은 다른 진보적 목적을 위해 배정될 수 있는 가용 자금 그 이상을 집어삼킬 것이다. 같은 돈을 두 번 지출할 수는 없다. 만약 우리가 폴에게 돈을 주기 위해 피터의 돈을 빼앗아야 한다면 가치 있는 교환을 한다고 확신할 수 있어야 한다.

그러면 보편적 기본서비스는 저렴한가? 물론이다. 우리가 제안한 보편적 기본서비스 계획은 국내총생산의 4퍼센트의 비용이 든다. 일반적으로 허용되는 재정 적정성의 범위를 초과하지 않으며 모든 경제협력개발기구 국가가 재정적으로 실현할 수 있다. 저소득 국가의 경우 보편적 기본서비스 계획의 발전 방향에 맞춰 서비스 공급 계획을 조정할 수도 있다. 보편적 기본서비스는 이미 존재하는 서비스들을 기반으로 구축할 수 있어서 갑작스러운 충격 없이 기존 시스템에 점진적으로 도입될 수 있는 큰 강점이 있다.

| 결론 |

궁극의 복지 시스템으로 나아가자

보편적 기본서비스는 개종을 요구하는 종교가 아니다. 지금까지의 경험을 통해 모색된 앞으로 나아갈 방향으로의 근본적 변화에 대한 요구다. 우리는 어떤 나라도 하루아침에 보편적 기본서비스를 완비해 전환할 것으로 기대하지 않는다. 기존 서비스를 개선하고 새로운 서비스를 개발하기 위해 점진적인 변화를 실험할 시간적, 재정적 여유가 있어야 한다.

보편적 기본서비스가 점진적인 프로그램이긴 하지만 오늘날 지배적인 정치 경제적 패러다임에 대한 근본적인 도전을 제안한다. 가장 큰 장애물은 변화가 바람직하지 않거나 불가능하거나 둘 다라고 말하는 현행 규범들의 옹호자들이다. 그래서 급속한 전환 현상을 잠시 짚어보고자 한다.

한때는 매우 미미한 소수의 사람을 제외하고 모든 사람이 상상할 수 없었던 변화가 수십 년 내 표준이 돼 마침내 이전의 상태로 되돌아가는 것은 상상할 수조차 없게 됐다. 대서양 횡단 노예무역의 종식, 여성 투표권, 공공장소에서의 흡연 금지 등이 그 예다. 각각의 경우에 전환은 비슷한 요인들, 즉 변화를 지지하는 증거의 증가, 변화를 위한 운동의 확산, 모멘텀을 활용할 줄 알고 변화가 어떻게 일어날지를 설명할 수 있는 리더들, 그리고 (항상 그런 것은 아니지만 종종) 관습이라는 수레를 뒤엎는 위기에 의해 추진된다.

이 책이 보편적 기본서비스로 향하는 방향의 변화를 지지하는 증거가 쌓이고 있음을 보여주었기를 바란다. 전 세계인은 사회적, 경제적, 환경적 조건과 연결된 일련의 위기에 직면해 있다. 우리가 여전히 기다리는 올바른 리더십은 변화를 위한 운동 속에서 성장할 것 같다. 그러한 운동이 존재하는가? 최근 여론이 달라지고 뜻이 맞는 정치적 시도가 활발해지는 것은 하나의 흐름이 형성되고 구체화하고 있다는 것을 시사한다. 경제적 성공의 방법으로서 '긴축'이라는 정책은 수명을 다해 대중들은 물론 경제학자들도 거부하고 있다.[1] 『파이낸셜타임스』는 2018년 9월 '영국 국민은 긴축에 질렸다.'라고 보도했고 이제 국민의 3분의

2는 의료와 교육에 더 많은 지출을 하기 위해 더 많은 세금을 낼 용의가 있다고 응답했다. 이는 '2002년 이래 공공서비스에 대한 가장 높은 수준의 지지'를 보여주는 것이다.[2]

경제협력개발기구가 21개국에서 위험에 대한 여론조사를 했다. 그 결과 미국인의 거의 절반이 더 나은 의료 서비스를 받기 위해 2퍼센트의 추가 소득세를 낼 수 있으며 3분의 1은 더 나은 공교육에 대한 대가로 2퍼센트의 세금을 더 낼 마음이 있다고 응답했다. 조사 대상이 된 모든 국가에서 미국과 비슷한 응답 결과가 나왔다. 사람들은 일반적으로 자신의 건강과 복지, 생계에 대한 위험, 노후 보장, 자녀의 미래에 대해 예전보다 더 많이 걱정하고 있다. 정부를 믿지 않으며 현행 사회보장 제도에 불만족스러워한다. 그리고 많은 사람이 더 많은 집단적 제공을 원하며 그에 대해 지불할 준비가 돼 있다.

모든 국가에서 국민의 50~80퍼센트는 정부가 '빈곤층을 지원하기 위해 부유층에 지금보다 더 많은 세금을 부과하는' 것에 찬성하거나 매우 찬성한다.[3] 마찬가지로 2018년 유럽사회조사Euro-pean Social Survey는 유럽인들이 복지 재분배와 '취약계층의 건강과 복지에 대한 책임감'을 가진 정부를 강력하게 지지한다는 것을 보여준다.[4] 이런 의식이 하나의 운동을 구성하지는 않는다. 하지만 운동으로 성장하고 번창할 여건을 조성하는 데 도움이 된다. 모든 것이 동시에 같은 방향으로 움직이는 단일한 궤적을 기대해서는 안 될 것이다. 그러나 우리는 스페인의 포데모스Podemos와 글로벌 점령 운동Occupy movement과 같은 일시적인 시위 정당들의 번창부터 지속적인 전환 마을 네트워크Transition Towns network, 멸종 반란Extinction Rebellion, 그리고 2019년 초등학생들의 기후 시위에 이르기까지 다양한 정치적 국면에서 좋은 조짐들을 발견할 수 있다. 급진적인 전환 관련 전문가들이 주장하듯이 "변화를 위한 집단 역량, 능력, 그리고 지략은 일반적으로 인식되는 것보다 훨씬 높다."[5]

이 책을 집필하면서 같은 방식으로 생각하는 다른 많은 사람에게 영감을 받았다. 보편적 기본서비스의 원칙, 즉 공동 필요를 충족하기 위해 집단 책임을 이행하고자 하는 열정이 급격히 커지고 있다는 확신이 강해졌다. 우리는 여러 분야 중에서 앞에서 언급한 세 가지만 정리하겠다. 첫 번째는 2018년에 발간된 맨체스터학파의 기본경제에 관한 연구로 '서비스에 대한 보편적 권리를 확대하는 재분배에 기반한 시스템'을 제안했다.[6] 그들은 생활필수품과 지역 정치와 국가 정치 간의 연결에 초점을 맞추고 무엇이 진정으로 '경제'를 구성하는지와 그 도덕적 기초와 현실적 함의에 대해 분명한 관점을 제시하고 있다.

두 번째는 유럽의회에서 사회민주진보동맹Progressive Alliance of Socialists and Democrats이 소집한 지속가능한 평등을 위한 독립위원회Independent Commission for Sustainable Equality다. 이 위원회는 사람들에게 권한을 주고 자본주의를 재편함으로써 지속가능한 발전으로 전환할 것을 구상했다. 2018년 보고서는 긴박감으로 가득했는데 "모든 사람에게 교육, 의료, 대중교통 또는 문화와 같은 일련의 필수 서비스를 무료로 이용할 수 있는 접근성과 식량과 물, 에너지, 토지와 주택 등을 포함한 일련의 필수품을 저렴하게 이용할 수 있는 접근성을 보장"하기 위해 무엇보다도 커먼웰스 헌장Common Wealth Charter을 제안했다.

세 번째는 2019년 미국 의회에서 알렉산드리아 오카시오 코르테즈Alexandria Ocasio-Cortez가 내놓은 제안이다. 연방 정부는 그린 뉴딜을 의무로 인식해야 한다는 것이다. 이 제안은 루스벨트의 뉴딜 정책을 현대적으로 재창조한 것으로서 환경의 지속가능성을 위해 포용적이고 참여적이면서 사회적으로 정의로운 계획을 요구하고 있다. 그린 뉴딜은 온실가스 배출 제로, 수백만 개의 양질의 고임금 일자리 창출, 21세기의 도전을 충족하기 위한 기반시설 투자, '미국의 모든 사람'에게 고품질 의료 서비스, 저렴하고 안전하며 적절한 주택, 경제적 안전 보장, 깨끗한 물, 깨끗한 공기, 건강하고

저렴한 음식, 자연에 대한 접근권 등을 제공하고자 한다.[7]

물론 이러한 시도들이 즉각적인 반응을 만들어내지는 못할 것이다. 하지만 그건 중요하지 않다. 이 시도들은 미래에 대한 작은 조짐들이다. 이 시도들은 무엇이 바람직하고 가능한지에 대한 '상식'적 흐름의 변화에서 생겨나고 변화에 기여할 것이다. 우리의 제안이 그 변화의 하나로서 더 크게 기여하기를 바란다.

자, 마지막으로 우리의 주장을 열 가지로 요약하면서 이 책을 마치고자 한다.

1. '보편적 기본서비스'는 모든 사람이 지불 능력과 상관없이 자신의 필요를 충족하고 잘 지낼 수 있게 하는 필수적이고 충분한 서비스 또는 기타 활동들을 설명하는 것이다.

2. 보편적 기본서비스는 두 가지 원칙, 즉 집단 책임과 공동 필요에 기초한다. 두 번째 원칙을 충족하기 위해 첫 번째 원칙을 이행하는 것이다.

3. 보편적 기본서비스의 어젠다에는 의료 서비스, 교육, 그 외 기존의 보편적 서비스를 포함한다. 그리고 아동 돌봄, 성인 사회적 돌봄, 주거, 교통, 정보와 같은 새로운 영역으로 확대돼야 한다.

4. 보편적 기본서비스는 필요 영역마다 맞춤형 접근이 요구된다. 그러려면 다른 국가들은 물론 기존 서비스에서 많이 배워야 한다.

5. 보편적 기본서비스는 획일성이나 하향식 전달이 아니라 매우 다양한 집단 활동들이다. 사람들이 동등하게 서비스를 이용할 수 있도록 지역의 통제하에 다양한 조직들을 통해 경영된다.

6. 보편적 기본서비스는 하향식 정치와 상향식 정치 사이에 새로운 역동성을 요구한다. 권한은 가능한 이양돼야 한다. 하지만 국가는 네 가지 주요 기능, 즉 평등한 접근권의 보장, 표준의 설정과 시행, 자금의 조성과 투자, 사회적·환경적·경제적 결과를 극대화하기 위한 부문별 기능 조정을 유지해야 한다.

7. 보편적 기본서비스는 평등, 효율성, 연대, 지속가능성이라는 네 가지 차원에 걸쳐 실질적인 편익을 가져올 것을 약속한다.

8. 보편적 기본서비스는 모든 사람이 생계소득에 대한 권리를 가지도록 더 관대하고 덜 조건적이며 덜 낙인을 찍는 사회보장 제도와 함께 시행돼야 한다.

9. 보편적 기본서비스 확대 계획은 충분하면서 저렴할 수 있다. 하지만 목적의 충돌과 자금 확보를 위한 경쟁 때문에 충분한 보편적 현금 지급(또는 기본소득) 제도와 함께 시행될 수가 없다.

10. 오늘날의 신자유주의 경제, 사회적 불평등, 기후 변화 부정에 기반한 지배적인 정치적 합의에 반대해 근본적인 변화를 요구하는 운동이 늘어나고 있다. 보편적 기본서비스 옹호는 바로 그러한 운동에 속한다.

보편적 복지국가를 향해 가자

빈곤 문제와 소득 불평등을 해결할 복지 인프라가 필요하다

1997년 외환위기는 '성장 지상주의'의 한계를 그대로 드러내는 계기가 됐다. 개발연대開發年代의 '고성장'과 '성공 신화'가 사라지고 사회경제적 불평등은 갈수록 깊어지고 있다. 부와 사회적 지위의 대물림과 기득권 중심의 사회 질서에 청년들은 좌절하고 분노하고 있다. 실제 문재인 정부에서 가장 큰 화두 중 하나가 '공정'이다.

우리 사회는 현재 '요람에서 무덤까지 불평등'한 사회가 됐다. 부모의 뒷배경이 학벌과 취업을 결정한다. 국민의 세금은 목소리 큰 이해당사자들이 나눠 먹는 먹거리가 됐다. 복지 정책은 비전도 전략도 없고 체계적인 실행 계획도 없이 선거철마다 정치인들의 매표 수단으로 추진돼왔다. 복지 인프라는 여전히 취약하고 복지 사각지대는 광범위하게 퍼져 있다. 특히 코로나19를 거치면서 재난지원금을 둘러싼 소모적인 정쟁에 휘말려 빈곤 문제와 소득 불평등을 해소할 복지 인프라 확충에 대한 전략적이고 심도 있는 논의는 완전히 중단된 상태다.

사실 불평등한 사회가 불공정한 사회는 아니다. 개인의 능력이나 특성에 따라 차이가 존재하고 시장 경쟁이 치열한 상황에서 결과의 불평등 문제를 근본적으로 완전하게 해소하는 것은 불가능할 수 있다. 그러나 불공정 문제는 사회 질서를 개혁하고 다양한 정책을 펼쳐 해결할 수 있다. 사회 구성원들은 공정성에 기반한 어느 정도의 불평등은 받아들일 수 있다. 예를 들어 자신의 타고난 능력이나 부모가 가진 부의 차이는 사회적으로 어느 정도 받아들일 수 있다. 하지만 이른바 '부모 찬스'가 없어 역량을 키우지 못하고 기회를 박탈당하는 불공정을 용납하는 사회는 건강하지 못하다. 따라서 국가는 모든 구성원이 공정하게 경쟁하고 기회를 가질 수 있도록 인프라를 구축하고 불공정과 차별을 철저히 통제해 불평등을 최소화해야 한다.

공정한 사회를 만들기 위해서는 소득, 성별, 나이, 종교, 출신 지역 등과 상관없이 모든 국민이 국가가 제공하는 양질의 서비스를 평등하게 받을 수 있어야 한다. 또 타고난 개인적 배경의 차이에 따른 불평등 문제를 해결하기 위해 광범위한 영역에서 공공서비스를 제공해야 한다. 이것이 바로 복지 정책이다. 우리 나라는 1997년 외환위기를 겪은 후부터 각종 복지제도가 꾸준히 확충돼왔다. 하지만 노무현 정부 시기를 제외하면 한국형 복지국가에 대한 심도 있는 논의는 상대적으로 많이 진전되지 못했다.

앞으로 복지 정책의 확대는 불가피하다. 복지 수요는 저출산과 고령화로 인해 자연스럽게 늘어날 것이다. 더욱이 4차 산업혁명이라는 기술 혁신은 경제의 생산성과 효율성은 높이지만 일자리 감소와 노동 시장의 불안정성을 심화해 복지 인프라에 대한 수요가 급증할 수 있다. 저숙련 노동자들이 로봇으로 쉽게 대체되면서 저임금의 임시직을 위한 치열한 경쟁에 직면할 것이다. 일자리job에 취업하는 대신 불안정한 저임금 일거리task를 처리하면서 '노동자성'을 인정받지 못하는 플랫폼 노동도 갈수록 늘어나고 있다. 사회 경제적 양극화의 심화와 실업과 빈곤의 확산은 복지 수요의 증가로 이어진다. 이로 인한 재정 건전성의 악화는 조세와 재정을 둘러싼 계층 간 갈등을 증폭할 수도 있다.

디지털 플랫폼 경제의 확산에 따라 현행 사회보험제도의 한계는 갈수록 명백해질 것이다. 사회보험제도는 원래 완전고용이나 평생직장과 같은 고용 안정성을 기반으로 설계된 시스템이다. 노동자들은 안정적인 직장에서 소득을 얻어 사회보험료를 지급하고 소득 단절이나 은퇴 시에는 사회보험제도를 통해 소득과 복지를 보장받는다. 그러나 디지털 플랫폼 시대에는 자동화에 따른 실업이 늘어나고 불안정한 플랫폼 노동이 증가함에 따라 기존의 사회보험제도에 편입돼 사회보험의 혜택을 받을 수 있는 노동자가 줄어들 것이다.

더욱이 사회보험 중심의 복지제도는 복지 혜택의 양극화를 가져올 수 있다. 사회보험제도는 수급 자격이 고용 지위와 보험료에 따라 결정되며 대부분 급여는 소득과 연계돼 고소득자가 은퇴 후에도 더 많은 복지 혜택을 누리게 된다. 따라서 고용의 불안정성이 높아지고 완전고용이 불가능한 디지털 경제에서 사회보험제도는 사회 전반의 양극화를 심화할 수 있다.

사회경제적 양극화와 불평등과 불공정을 극복하기 위해 새로운 복지 패러다임이 필요하다. 디지털 플랫폼 시대의 부정적 효과를 사회적으로 국가적으로 완화할 새로운 유형의 사회보장 모델을 모색해야 한다. 이런 관점에서 이 책에서 제안하는 보편적 기본서비스는 디지털 플랫폼 시대의 새로운 복지 패러다임으로서 하나의 대안이 될 수 있을 것이다.

보편적 기본서비스 모델은 북유럽 복지 모델의 확장이다

보편적 기본서비스는 모든 사람이 살아가면서 반드시 필요로 하는 것들이 있다는 전제에서 출발한다. 이 책의 저자들은 이를 '공동 필요'라고 부른다. 따라서 만약 국가나 사회가 이 같은 서비스들을 모든 사람에게 무료로 제공한다면 사람들은 기본적 필요를 충족해 정신적 행복감이 높아질 것이다. 또한 필수적인 재화나 서비스를 구입할 필요가 없어 실질소득의 증가와 동일한 효과를 느끼게 될 것이다.

저자들은 공공의 '집단 책임'만이 공동 필요를 제대로 충족한다고 보고 있다. 보편적 기본서비스는 생활에 필수적인 서비스를 필요로 하는 모든 사람에게 공공서비스 형태로 무상(또는 매우 미미한 수준의 요금)으로 제공하는 복지제도다. 기존의 공공서비스 모델을 더 철저하고 포괄적으로 발전시킨 복지국가 모델의 하나로 볼 수 있다. 저자들에 따르면 "보편적 기본서비스에 포함되는 모든 서비스의 목표는 양질의 서비스가 필요한 모든 사람에게 충분하게 제공되도록 보장하는 것"이다.

보편적 기본서비스는 2017년 영국 유니버시티 칼리지 런던의 세계번영연구소가 「미래를 위한 사회적 번영: 보편적 기본서비스 제안」을 발표하면서 공론화됐다.[1] 세계번영연구소는 보편적 기본소득 논의에서 영감을 얻어 보편적 기본서비스를 제안하면서 영국 복지국가의 혁신적 전환을 주장했다. 미래 사회의 번영을 위해 보편적 기본서비스에 대한 대중적 논의, 사회 인프라에 대한 지속가능한 투자, 삶의 질 향상을 위한 공공 정책 등을 제안했다.

제2차 세계대전 이후 베버리지 보고서에 영향을 받아 설계된 영국의 복지제도는 1979년 대처리즘의 등장과 함께 급격하게 축소됐다. 현재 영국의 복지 인프라는 유럽 대륙의 선진국들과 비교해 상대적으로 불충분하다고 평가된다. 특히 2008년 금융위기 이후 영국 정부가 예산 부족을 이유로 공공서비스 투자를 축소하면서 공공서비스 확대의 필요성이 지속적으로 대두됐다. 영국의 보편적 기본서비스는 이러한 배경에서 탄생했다. 실제 영국 노동당은 보편적 기본서비스를 당의 핵심 프로그램으로 수용해 미래의 노동당 정부는 기존의 공공서비스를 강화하고 보편적 무료 공공서비스를 확대하기로 했다.[2]

세계번영연구소는 보편적 기본서비스의 목표로 안전, 기회, 참여를 제시한다. 보편적 기본서비스를 통해 모든 사회 구성원에게 물질적 안전을 보장하고 사회에 공헌할 기회를 주며 민주적이고 자유로운 참여를 보장해야 한다고 주장한다. 세계번영연구소가 제안한 '7대 보편적 기본서비스'는 의료, 교육, 주거, 교통, 민주주의와 법률, 음식, 정보 접근 서비스다. 이는 기존의 기본서비스인 의료, 교육, 민주주의에 음식, 주거, 교통, 정보 접근 서비스를 추가한 것이다. 역자가 직접 만난 세계번영연구소의 보편적 기본서비스 연구자와 이 책의 필자인 안나 쿠트는 이 같은 7대 서비스가 동시에 도입되기는 쉽지 않으니 지역적 상황에 맞게 우선 시급한 서비스를 선정해 도입을 추진하는 것이 적절하다고 제안했다.

저자인 안나 쿠트의 한국어판 서문에서도 언급됐듯이 보편적 기본서비스 모델은 북유럽 복지 모델의 확장이라고 평가될 수도 있다. 저자들이 '보편적 기본서비스'라는 용어를 도입한 것은 단지 보편적 기본소득에 대한 정책적 대응의 의미가 강하며 신자유주의로 말미암아 많은 서구 선진국에서 축소된 '공공(사회)서비스의 재건과 확장'의 필요성을 강조하기 위한 것으로 생각된다.

기본소득은 물고기를 주지만
기본서비스는 물고기를 낚는 법을 알려준다

복지 정책의 궁극적인 목표는 사회 구성원의 연대에 기반해 빈곤을 없애고 불평등을 완화하는 것이다. 그렇다고 복지 정책이 단순히 가난한 사람들을 돕는 정책을 의미하는 것은 아니다. 복지 정책은 모든 사회 구성원이 힘을 모아 사회의 일원이자 인간으로서 기본적인 생활권을 누릴 수 있도록 하는 것이다. 그럼으로써 사회 통합과 연대를 강화하면서 건강하고 민주적인 사회를 만드는 것이다. 따라서 복지 정책은 단순히 돈이나 서비스를 더 많이 주는 시혜가 아니다. 저자들에 따르면 복지제도가 중요한 이유는 "사람들이 살아가고 활동할 수 있는 충분한 사회 경제적 수단을 갖고 있지 않으면 시민적, 정치적 권리는 실현될 수 없기" 때문이다.

모든 사람이 물질적 관점에서 최소한의 소득을 보장받는 권리는 매우 중요하다. 이 권리는 두 가지 방식으로 실현될 수 있다. 현금을 직접 지급하는 방식과 실질소득을 다양하게 늘리는 방식이다. 현실에서는 이 두 가지 방식이 혼합된다. 하지만 극단으로 구분해보면 전자가 보편적 기본소득 방식이고 후자가 보편적 기본서비스 방식이라고 볼 수 있다. 보편적 기본소득이든 보편적 기본서비스든 궁극적인 목표는 빈곤 문제를 해결하고 소득 불평등을 완화하는 복지국가로 전진하는 것이다.

이 책의 저자들은 보편적 기본소득은 복지제도로서 근본적 한계가 있다고 평가한다. 저자들에 따르면 보편적 기본소득과 같은 "현금 배분은 공동 필요를 충족하기 위한 집단 책임의 이행이 아니라 각자 필요로 하는(또는 원하는) 것을 살 수 있도록 개인에게 돈을 주는 것"일 뿐이다. 이처럼 '시장에서의 소비를 지원하는 시스템'인 보편적 기본소득은 개인의 소비를 촉진할 뿐이다. 다시 말해 "불공정한 신자유주의적 시장제도를 더욱 강화하면서 시장에 대한 의존도를 높인다." 결국 보편적 기본소득은 현재의 "빈곤, 고용 불안정성, 불평등과 같은 문제를 해결하는 데 좋은 수단이 될 수 없다."

더욱이 기본소득은 '일련의 공동 문제에 대한 개인주의적 해결책'에 불과해 사회 문제에 대한 신자유주의적 해결책으로 볼 수도 있다. 보편적 기본소득을 지급하고 대신 다른 복지 서비스를 폐지하면 복지는 시장에서 상품화돼 '산업으로서의 복지 서비스업'이 발전하고 복지 서비스를 판매하는 민간기업이 성장할 것이다. 더욱이 직접적인 현금 지급은 복지 서비스를 위한 공무원이나 공공기관을 축소할 수 있는 명분이 된다. 따라서 '작은 정부'

를 선호하는 신자유주의자들에게 보편적 기본소득은 행정 개혁과 복지제도 약화를 위한 매우 이상적인 제도라 할 수 있다.

보편적 기본소득은 세대 간 형평성을 악화해 현재 세대의 필요를 위해 미래 세대에게 희생을 강요하는 것이다. 코로나19와 같은 위기 상황에서는 재정 확대를 위해 일시적으로 국가 부채가 증가할 수밖에 없다. 문제는 보편적 기본소득과 같이 매월 일정한 액수를 평상시에 모두에게 지속적으로 지급하려면 그에 맞춰 세수가 늘어나지 않는 한 국가 부채가 누적될 수밖에 없다는 것이다. 특히 국민 입장에서는 보편적 기본소득을 위한 세수 증대는 결국 내 주머니의 돈을 국가가 가져간 후 기본소득이라는 이름으로 나에게 되돌려주는 것에 불과하다.

보편적 기본소득의 궁극적 효과는 개인의 소비 진작에 불과하다. 구태여 세금을 늘려서 개인의 소비를 위축시킨 후 기본소득으로 되돌려주면서 소비를 하라는 것은 정치적 효과는 있을지 모르지만 경제적 관점에서는 조세 행정 비용만 높일 뿐이다. 증세가 쉽지 않은데 보편적 기본소득의 이름으로 현금을 지급하다 보면 공공부채가 과다해질 수밖에 없다. 이는 결국 미래 세대들을 공공부채에 허덕이게 하고 복지를 줄이도록 만들 것이다.

보편적 기본소득을 위해 필요한 재원은 기본소득액에 따라 달라지겠지만, 가장 최소한의 수준인 국가 빈곤선을 기본소득으로 지급한다고 가정하면 다음의 〈표 1〉과 같이 대략적인 비용이 추정된다. 국제노동기구ILO의 추정과 같이 국내총생산 대비 30퍼센트 이상을 보편적 기본소득으로 지급하기 위해서는 다른 복지제도에 대한 재정 지원을 없애거나 경제, 환경, 교육, 국방 등 다른 부문에 대한 재정지출을 포기해야 할 것이다. 저자들은 "보편적 기본소득 제도는 주택과 사회 기반시설 확충, 녹색 투자와 환경 보호에 이르는 다른 진보적 목표를 위해 배정될 수 있는 가용자금 그 이상을 빨아들일 것이다."라고 평가한다.

설혹 국가 부채를 늘리고 다른 복지지출을 다 줄여서 보편적 기본소득의 재원을 마련했다고 하자. 문제는 현금 지급 액수가 얼마이든 간에 보편적 기본소득은 복지 정책의 궁극적 목표인 빈곤 문제를 해결할 수 없으며 오히려 불평등을 심화한다는 것이다. 저자들은 "현금 지급만으로 살 수 없는 다양한 사회적, 물질적 자원에 대한 권한과 접근성이 필요하다."라고 말한다. 얼마의 현금을 지급해야 개인의 필요를 충족할 수 있을지는 불확실하다. 국제노동기구는 "광범위한 요소들을 고려하는 일관된 정책 체계가 없으면 보편적 기본소득은 불평등을 악화할 수 있다."라고 지적한다.

〈표 1〉 보편적 기본소득의 비용 추정

지역 또는 소득 그룹	비용(국내총생산 대비 비중, %)	
	시나리오 1	시나리오 2
중앙아시아와 북아프리카	20.3	17.4
동아시아와 태평양	26.2	22.8
남아시아	28.0	23.3
유럽과 중앙아시아	28.4	25.9
북아메리카	31.9	29.1
라틴아메리카와 카리브해	32.3	27.6
사하라 사막 이남 아프리카	62.1	48.8
저소득	79.1	62.3
중저소득	28.0	23.1
중고소득	22.8	19.8
고소득	29.9	27.4
글로벌 평균	39.4	32.7

주: 1) 시나리오 1은 모든 성인과 아동에게 국가 빈곤선 100%로 기본소득 지급을 가정하고, 시나리오 2는 성인에게는 국가 빈곤선 100%, 15세 이하 아동에게는 국가 빈곤선 50%로 기본소득 지급을 가정한 것이다.
2) 국가별로 결정된 빈곤선에 기반하며 행정 비용은 포함되지 않았다.

자료: Ortiz, I., Behrendt, C., Acuña-Ulate, A. and Q. Nguyen(2018), Universal Basic Income proposals in light of ILO standards: Key issues and global costing, ESS Working Paper No. 62 International Labour Organization, p.15

물론 "가진 것이 거의 없거나 하나도 없는 사람에게 현금을 주면 적어도 그 사람의 생활 수준이 조금은 개선될 수 있다." 그러나 이 같은 생활 수준의 개선 자체가 복지 정책의 목표가 아니다. 저자들은 "현금 지급은 기아를 막을 수 있다. 하지만 시간을 두고 기아 문제를 전략적으로 예방할 방법을 제안할 수 없으며 사회적, 경제적, 환경적 측면에서 '지속력'을 기를 수도 없다."라고 지적한다. 즉 보편적 기본소득은 물고기를 단순히 나눠주는 것에 불과하다. 반면에 보편적 기본서비스는 사회 구성원들에게 물고기를 낚는 방법을 가르쳐준다.

우리나라를 예로 들어보자. 기본소득은 보통 개인별로 지급하므로 1인 가구를 기준으로 계산해보자. 통계청에 따르면 2019년 12월 기준 총인구는 약 5,185만 명이고 보건복지부 고시는 2019년 1인 가구 기준 중위소득을 월 170만 7,008원(연 2,048만 4,096원)으로 정했다. 1인 가구 월평균 소비지출은 142만 6,000원(연 1,711만 2,000원)이다. 최소한의 보편적 기본소득으로 중위소득의 50퍼센트인 상대적 빈곤선은 연 1,024만 2,048원으로 기본소득의 취지에 맞게 매월 정기적으로 전 국민에게 지급하려면 2019년 기준 연간 약 530조 원 이상이 필요하다. 이는 2019년 국내총생산 대비 약 28퍼센트에 해당한다. 물론 기본소득 금액을 매우 낮게 책정한다든지 연령별로 차별화를 한다든지 현금지급을 다양한 방식으로 변형하여 전체 비용을 줄일 수는 있을 것이다. 하지만 이 같은 경우에는 과연 '보편적 기본소득'이라고 정의할 수 있는지에 대해 의문이 제기될 것이다. 더욱이 1인당 기본소득으로는 1인 가구가 기본적인 소비지출 조차 충당하지 못할 수도 있다. 물론 그들이 임금 소득자라면 소비지출을 늘릴 수 있을 것이다. 그러나 저소득층은 기본소득의 도입으로 인해 다른 복지 인프라를 누릴 수 없어 전반적으로는 복지가 나빠질 수 있다. 국내총생산의 4분의 1 이상을 현금으로 지급하려면 의료, 교육, 주거 등 저소득층을 위한 복지 인프라 투자를 포기하거나 축소해야 하기 때문이다.

기존의 복지 인프라를 유지하면서 국가 빈곤선 수준의 보편적 기본소득을 지급하는 것조차도 현실적으로 쉽지는 않다. 세금을 무한정으로 부과해 재원을 마련할 수도 없고 부채를 지속적으로 늘릴 수도 없다. 현재 세계 어느 곳에서도 기존의 복지 인프라를 유지하면서 '진짜 제대로 된' 보편적 기본소득을 지급하는 보편적 복지국가는 없다. 앞으로도 없을 것으로 전망된다.

저출산과 고령화가 심화되면서 의료와 돌봄 서비스에 대한 수요는 점점 더 커질 것이다. 기술 혁명으로 인한 일자리 감소와 고용의 불안정성 확대로 고용 서비스에 대한 필요도 커질 것이다. 충분한 기본소득을 확보하기 위해 공공서비스를 불가피하게 시장에 맡긴다고 가정해보자. 기본소득을 얼마나 주면 개인이 공공서비스를 시장에서 직접 구매할 수 있을까? 또 공공서비스를 시장에 맡겨놓을 때 실패할 우려는 없을까? 기본소득으로 지출된 현금이 공공서비스를 판매하는 민간기업에 직접 지급되면 기업이 이윤을 극대화해 서비스의 질은 나빠질 것이다. 우리나라의 일부 민간어린이집이나 사립유치원이 대표적인 사례이다.

우리나라의 학부모들은 공공어린이집이나 국공립유치원을 선호한다. 일부 민간어린이집이나 사립유치원은 국가의 지원을 받아 아동 돌봄이라는 공공서비스를 대행하면서 이윤을 최대한 높이고 있으며 돌봄 서비스 노동자들은 열악한 근로 조건에 놓여 있다. 충분한 기본소득을 지급하기 위해 공공서비스를 민영화하면 기본소득에만 의존할 수밖에 없는 사람들은 시장에서 판매되는 생활 필수 서비스를 이용할 돈이 없어 불평등과 양극화는 더욱 커질 것이다.

사실 매우 빈곤한 국가의 경우 보편적 기본소득의 제공은 일정 정도 유의미하다. 공공서비스 인프라가 거의 없고 국민 대다수가 빈곤층인 국가에서는 기본소득을 지급해 국민이 필요한 서비스를 구매하는 것이 더 나을 수 있다. 정부가 공공인프라를 제공하려면 시간이 걸리고 행정 비용이 필요하기 때문이다. 시장에서 서비스를 구매할 수 있도록 국민에게 직접 현금을 주는 것이 더 효과적일 수 있다. 그러나 이들 국가에서도 보편적 기본소득은 근본적으로 빈곤을 해결할 수 없으며 불평등을 심화할 것이다. 결국 보편적 기본소득이 과연 복지국가를 실현할 제도가 될 수 있는지에 대한 근본적인 고민이 필요하다.

물론 보편적 기본소득은 현금을 직접 주기 때문에 사람들의 기분을 좋게 할 수는 있다. 액수가 얼마든 간에 공짜 돈이 생기는 것을 싫어할 사람은 없다. 2017~2018년 2년간 실시된 핀란드 정부의 기본소득 실험을 보면 실업자들의 고용 증가는 거의 없었지만 주관적 행복감은 높아진 것으로 나타났다.[3]

사회 불평등을 완화할 복지 인프라의 확충이 시급하다

보편적 복지국가가 되기 위해서는 무엇보다 복지 정책에 관한 관점의 정립이 필요하다. 우리 사회에서 개발연대의 경험은 사회 전반적으로 높은 경제성장률에 대한 집착과 환상으로 나타나고 있다. 그러나 선진국 반열에 오른 우리 경제는 저성장 기조가 이미 구조화돼 있다. 설혹 아무리 경제성장률이 높아져도 개인의 '성공 신화'를 이루기는 쉽지 않게 됐다. 이제는 중상층 이상의 부모가 있거나 유산이 있지 않은 한 개인이 열심히 노력해 이른바 '성공'한다는 것은 어렵다.

그러나 우리 사회는 여전히 성공 신화를 필요로 한다. 성공 신화의 집단적 상징인 경제성장률은 항상 정치인들의 '성공지표'로 이용된다. 그러다 보니 흔히 진보적이라고 자칭하는 사람들조차 복지 인프라를 조금이라도 늘리기 위해서는 '경제적' 명분이 필요하다는 강박관념을 가지고 있다. '생산적 복지'니 '복지와 성장의 선순환'이니 '복지 정책은 경제 정책'이니 하는 레토릭을 반복해왔다. 심지어 보편적 복지를 표방하는 보편적 기본소득을 경제 활성화의 수단으로 주장하는 사람들도 있다.

그러나 복지는 '복지'다! 복지는 원래 경제 성장을 목표로 하는 것이 아니다. 물론 복지 정책이 잘 설계되면 간접적으로는 경제적 파급 효과를 가져올 수 있을 것이다. 그러나 복지는 오히려 직접적으로는 경제 성장에 마이너스가 될 수도 있다는 것을 잊지 말아야 한다. 사실 복지와 성장의 선순환이라는 아이디어는 한편으로는 서구의 황금기(1950~1970년대)에 대한 오해와 다른 한편으로는 신자유주의적(우리나라는 특히 개발연대적) 이데올로기의 산물이다.

서구 황금기의 경제 성장은 복지 확대의 결과물이 아니다. 경제 성장의 성과물을 둘러싼 계급 간 투쟁과 타협을 통해 복지가 확대된 것이다. 더욱이 대량생산과 대량소비에 기반한 경제 성장 모델에서는 기업의 이윤 창출을 위해서라도 복지 확대는 불가피했다. 대량생산을 위해서는 대규모의 노동력과 대량소비를 위한 시장이 필요하고 대량소비를 위해서는 노동자의 실질임금을 인상하고 복지를 확대해 구매력을 높이는 것이 필요하기 때문이다. 그러나 4차 산업혁명과 기술 혁신의 시대에 과거의 생산 방식과 획일적 소비를 통한 성장은 통하기 어렵다.

이제 우리 사회는 개발연대적 잔재를 털고 고성장 신화에서 벗어나야 한다. 복지 정책은 성장을 촉진하기 위한 경제적 수단이 아니다. 복지 정책의 목표는 사회 통합과 연대를 목표로 빈곤 문제를 해결하고 시장 경제로 인한 불평등을 완화하는 것이다. 한 사회는 부자만으로 유지될 수 없으며 모든 사회 구성원이 소득이나 사회적 지위에 상관없이 조화롭게 살 수 있어야 발전할 수 있기 때문이다.

사회 분열이 극대화되면 극단적인 폭력 사회가 될 수밖에 없다. 복지는 자본가들에게는 자본주의 유지를 위한 수단이며 노동자들과 일반 시민들에게는 사회 구성원으로서 누려야 할 사회적 권리다. 그렇다고 복지 정책의 경제적 파급 효과를 간과할 필요는 없다. 복지 확대는 노동력을 재생산하고 사회적 가치를 높이면서 경제 성장에 이바지할 수 있다. 보편적 기본서비스와 같은 공공서비스는 사회적 일자리를 창출할 수도 있다. 단지 복지 정책이 경제 성장의 이데올로기에 종속돼서는 안 된다는 것이다.

복지 정책은 계급 간 타협의 결과물이자 타협의 대상이 되는 제도로 그야말로 '정치'의 문제이지 '경제'의 문제가 아니다. 예를 들어 임금의 경우 경제학 교과서에서는 시장에서 결정되는 경제적 변수라고 말한다. 하지만 현실에서는 순수한 시장 결정적 변수가 아니다. 생계비 조정 절차나 계급 간 협상을 통한 이윤 배분과 공유를 거쳐 결정되는 제도적, 정치적 변수다. 경제가 성장해야 복지가 확대될 수 있는 것이 아니며 복지가 확대돼야 경제 성장이 가능한 것도 아니다. 복지국가는 자본과 노동의 제도화된 타협이자 국민의 사회적 합의에 따라 형성되고 발전된다.

따라서 복지는 사회적 합의를 거쳐 시민권으로 보장돼야 하며 사회적 권리로서 제도화돼야 한다. 특히 향후 복지국가의 방향은 복지를 통한 성장의 관점에서 벗어나 성장의 과실을 어떻게 배분할 것인가에 대한 사회적 논의를 통해 정립돼야 한다. 이러한 지점에 보편적 기본서비스의 도입과 확대에 대한 고민과 논쟁이 놓여야 한다.

사회적 갈등을 최소화하며 복지 재원을 마련해야 한다

복지 정책뿐만 아니라 모든 정책은 사실 '돈' 문제다. 다양한 사회 집단들은 자신들의 이익을 위한 공공지출을 확보하기 위

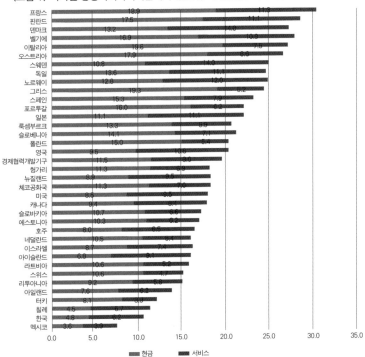

〈그림 1〉 국가별 공공사회복지지출의 구성(단위: 국내총생산 대비 비중 %)

주: 칠레, 이스라엘, 멕시코는 2019년 기준. 호주, 캐나다, 프랑스, 헝가리, 한국, 미국은 2018년 기준. 스위스는 2015년 기준. 그 외 국가는 2017년 기준.
자료: 경제협력개발기구, 공공사회복지지출 데이터베이스(2021년 1월 6일 접속)

해 로비도 하고 혹은 시위도 벌인다. 정부지출은 기본적으로 국민의 세금을 재원으로 하고 있다. 누가 세금을 낼 것인가와 함께 정부가 누구를 위해 재정을 지출할 것인가는 매우 정치적인 문제이다. 결국 복지도 정치의 문제이지 재원 그 자체의 문제가 아

〈그림 2〉 국내총생산 대비 일반 정부 총부채 비중과 공공사회복지지출 비중

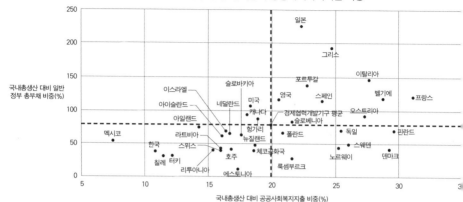

주: 1) 공공사회복지지출 데이터의 경우 이스라엘, 멕시코는 2019년 기준. 호주, 캐나다, 프랑
      스, 헝가리, 한국, 미국은 2018년 기준. 스위스는 2015년 기준. 그 외 국가는 2017년
      기준.
      2) 국내총생산 대비 일반 정부 총부채는 2018년 기준.

자료: 경제협력개발기구, 공공사회복지지출 데이터베이스(2021년 1월 6일 접속), 일반 정부 부채
(지표), DOI: 10.1787/a0528cc2-en(2021년 1월 31일 접속)

니다. 그러나 복지 정책의 효율성을 고려해 복지제도를 설계하
는 것은 중요하다. 복지는 국민의 세금으로 충족될 수밖에 없기
때문이다. 복지제도는 비슷한 수준의 복지지출을 하더라도 국가
별 특성을 반영하게 된다. 어느 국가에나 적용할 수 있는 보편적
이며 효율적인 복지 정책은 없기 때문이다.

현물 급여인 보편적 기본서비스와 현금 급여인 보편적 기본소
득에 대해서는 현금 급여와 현물 급여로 구성되는 공공사회복지
지출Public Social Expenditure을 통해 그 효과들을 예측해볼 수 있다. 〈그

림 1〉을 보면 우리나라는 현금이든 현물이든 기본적으로 국내총생산 대비 공공사회복지지출의 비중이 다른 선진국들과 비교해 크게 낮다. 보편적 서비스 인프라가 잘 갖춰진 덴마크, 스웨덴, 노르웨이 등 북유럽 복지 국가들과 아이슬란드 등의 현물 급여 비중은 상대적으로 다른 국가들에 비해 높은 편이다.

한편 〈그림 2〉를 보면 스웨덴, 노르웨이, 덴마크, 핀란드 등 북유럽 복지 모델은 국내총생산 대비 공공사회복지지출의 비중은 높지만 국내총생산 대비 일반 정부 총부채의 비중은 높지 않다. 우리나라는 복지 인프라가 부족하지만 재정 상태는 건전하다. 재정이 건전하면서도 복지지출이 차지하는 비중이 높은 국가들을 보면 〈그림 1〉에서 보았듯이 대체로 현물 급여인 서비스가 차지하는 비중이 상대적으로 높은 편이다. 실제 프랑스, 이탈리아, 포르투갈의 경우 북유럽 수준의 공공사회복지지출을 하지만 현금 급여의 비중이 상대적으로 높고 정부 총부채의 비중도 높은 것을 알 수 있다.

복지 확대는 불가피한 시대적 요구다. 문제는 재원이다. 세상에 공짜로 복지를 확대할 방법은 없다. 그러나 우리 사회는 복지 정책이 무엇을 위해 어떤 목표를 향해 나아가야 하는지 장기적 비전 없이 다양한 사업들이 주먹구구로 늘어났다. 복지 확대나 현금 지원에 대한 필요성은 언급하면서도 재원 확보를 위한 논의나 제도 개혁은 진전되지 않고 있다.

복지를 체계적으로 확대하기 위해서는 사회적 갈등을 최소화하면서 복지 재원을 확충하기 위한 적극적인 노력이 필요하다. 정부는 모든 국민에게 중장기적인 복지국가의 목표와 로드맵을 제시해 단기적인 복지 정책과의 연관성을 명확하게 밝혀야 한다. 국민에게 복지 재원 확충을 위한 증세의 필요성을 먼저 제기하는 것은 바람직하지 않다. 먼저 한국 복지국가의 비전과 구체적인 목표를 제시해야 한다. 그다음에 그러기 위한 재정지출의 필요성을 역설하면서 필요한 재원 확보를 위한 증세 방안을 제시해야 한다.

다시 말해 복지 재원을 확충하기 위해서는 국가가 사회복지 비전을 제시해야 한다. 예를 들어 정부가 '중복지·중부담'을 복지 비전으로 한다면 이를 목표로 하는 지속가능한 사회보장 제도의 전망과 이를 위한 재정지출 추정과 재원 확보 방안을 하나의 패키지로 하는 마스터플랜을 보여주어야 한다. 비전 수립 과정에서 보편적 기본서비스도 실현될 수 있다.

복지 재원의 확충 방안은 다양한 방식으로 제안될 수 있다. 하지만 기본적으로 국민의 부담을 가중하기 때문에 실질적인 실행이 정치적으로 쉽지 않다. 정치적 이해득실과 이해당사자들의 로비와 다툼으로 인해 어떤 합리적 방안도 국회의 문턱을 넘기가 어렵다. 따라서 어떤 재원 확보 방안이 됐든 우리 사회의 미래 여건을 반영하면서도 국민적 합의를 가능한 쉽게 끌어낼 수 있어야 한다. 국내총생산 대비 조세 부담률과 복지지출 비중이 적다는 것을 근거로 해서는 증세에 대한 국민적 동의를 획득하기는 쉽지 않다. 국민이 증세의 이유와 그 효과에 대해 명백하게 이해하고 동의할 수 있는 방식으로 복지 재원을 확충해야 할 것이다.

복지 재원의 확충과 관련해 정치적으로 가장 인기 있는 방안은 세 부담의 증가 없이 기존 사업을 통폐합해 재정 운용의 효율성을 높이고 재정지출 구조를 조정하는 것이다. 그러나 사업의 통폐합은 그 자체가 어려운 작업이며 확충되는 재원도 적을 것으로 예측된다. 부문별 재정지출은 각각이 지출 근거가 있어 모든 부문별 예산이 제로에서 출발하지 않는 한 실질적인 조정이 쉽지 않다.

지하 경제 양성화를 통한 복지 재원 확보도 하나의 방안이지만 지하 경제의 정확한 규모를 추산하기는 쉽지 않다. 이런 상황에서 기업들이나 일부 고소득 탈루 의심자들에 대한 세무 조사

이외에는 특별한 방법이 없어 세수 확보가 제한적일 수밖에 없다. 조세지출의 삭감은 세제 개혁의 관점에서도 필요하다. 하지만 조세지출을 하는 모든 항목에는 이해관계자가 있어서 삭감하기가 쉽지 않을 뿐만 아니라 예측되는 재원 확보의 규모도 크지 않아 사회적 갈등만 일으키고 삭감하지 못할 가능성이 크다.

부유세 도입을 고려할 수도 있다. 예를 들어 종합부동산세를 부유세로 개편해 상위 1퍼센트에 대한 과세를 강화할 수 있다. 이는 고소득층에 대한 과세이기 때문에 국민 정서에는 맞을 것이다. 그러나 부유세의 세수 증대 효과도 제한적일 것으로 판단되고 보편적 복지를 위해 특정 계층의 세 부담을 증대하는 것에 대한 정책적 평가도 필요하다.

소득세 인상은 복잡한 공제 제도와 취약한 과세 기반 등 소득세제의 문제점을 해결하지 못하는 상황에서 정치적 부담이 크다. 또 개인소득세는 저출산과 고령화에 따른 인구의 전반적인 감소와 저성장에 따른 취업자 수 감소로 인해 세수 확대가 갈수록 제한적일 수 있다. 특히 소득세 부담 확대를 통한 복지 재원 확충은 노동소득에 의존하는 젊은 세대에게 부담이 집중되기 때문에 세대 간 형평성 문제에 대한 정책적 고려가 필요하다.

반면에 법인세는 다른 조세들에 비해 과세 기반이 분명해 징수가 쉽고 대기업이 상대적으로 많은 부담을 지기 때문에 복지 재원 확충을 위한 유력한 조세다. 대기업에 대한 법인세율 인상은 국민 정서에도 부합할 수 있다. 문제는 법인세 수입이 경기 상황에 따라 변동성이 심하다는 점과 기업의 해외 이전이 빈번한 개방화와 세계화 시대에 자칫하면 국내 산업의 공동화를 가져올 우려가 있다는 점이다.

부가가치세율을 인상해 복지 재원을 조달하는 방안도 있다. 현행 10퍼센트인 부가가치세율은 외국보다 상대적으로 낮고 세율 인상에 따른 세수 효과가 크며 징수도 쉬울 수 있다. 세율 인상에 따른 물가 상승과 소비 위축으로 예상보다 세수가 적을 가능성도 있다. 따라서 부가가치세율은 인상하되 경감세율 제도를 도입해 세율 인상에 따른 소비 위축이나 역진성을 완화하는 등 방안을 마련해야 한다. 그러나 소득세와 법인세에 대한 개혁 없이 역진적인 소비 과세를 강화하면 세 부담의 형평성이 더 악화될 수 있다. 전반적인 조세 개혁의 관점에서 보면 소득 과세를 강화한 후에 부가가치세를 활용하는 것이 바람직하다. 또한 단일한 세목만을 재원으로 하기에는 예측되는 복지지출의 규모가 크다.

충분한 복지 재원의 확보와 함께 보편적 복지국가로 나아가기 위해서는 복지지출과 재원을 연계해야 조세 저항을 줄일 수 있다. 국민 다수를 과세 대상으로 하는 일종의 '사회복지세'를 도입하는 것을 고려해볼 수 있다. 사회복지세를 도입하면 복지가 공짜 점심이라는 인식을 없애면서 복지 확대에 따른 도덕적 해이를 최소화하고 복지지출 수준과 그에 따른 재원 증가에 대한 합리적 논의가 가능해진다. 그러나 복지 체감도가 낮고 가계소득이 정체된 상황에서 사회복지세를 목적세로 도입하는 것은 조세저항을 가져올 수도 있다.

대부분의 세제 전문가들은 목적세 도입을 반대하는 편이다. 목적세는 예산 운영의 경직성, 복잡성, 자원 배분의 비효율성이 문제가 될 수 있기 때문이다. 그러나 일반 조세보다 목적세는 징수된 조세지출 용도가 명백해 복지 재원의 충당과 지출에 대한 국민적 합의가 상대적으로 쉬울 수도 있다. 국민들의 불만이 큰 이유는 세금을 내더라도 자신에게 돌아오는 혜택이 별로 없다고 생각하기 때문이다.

복지지출의 미래 전망치에 근거해 필요한 세입을 투명하게 결정해 사회복지세의 수준을 정해야 한다. 동시에 이를 재원으로 하는 '사회복지특별회계'를 만들어 지출의 투명성을 높일 수도 있다. 사회복지세는 소득세, 법인세, 부가가치세 등 3대 조세에 대해 부가세 형태로 부과할 수도 있다. 경제 성장과 소득 재분배 등에 미치는 영향을 고려하면서 세목별 부가세의 세율을 결정할 수 있다. 그리고 일정 기간마다 정기적으로 부가세율을 조정하는 것도 필요하다.

3대 조세에 대한 부가세 형태의 사회복지세는 별도의 세목을 도입하는 것임에도 불구하고 기존의 세목에 부과되기 때문에 추가적인 행정 비용을 최소화할 수 있다. 3대 조세를 세원으로 하므로 세수 규모가 클 수 있고 상대적으로 안정적인 세수 확보도 가능하다. 과세 대상이 광범위해 보편적 복지를 위해 국민 대다수가 책임을 분담한다는 취지에도 들어맞는다. 하나의 세목에 대해서만 책임을 지우는 부담도 덜 수 있다. 사회복지세 도입과 함께 재정지출의 구조 조정도 필요하다. 보편적 복지국가를 만들기 위해서는 복지국가에 맞는 재정지출 구조와 조세 수입 구조를 정립해야 한다.

한국형 복지국가에 관한 진지한 논의를 시작하자

2020년 2월 런던 신경제재단에서 이 책의 주 저자인 안나 쿠트를 만났다. 그녀는 이 책을 선물로 주면서 보편적 기본서비스를 단호하고 명쾌한 논조로 강조했다. 책을 읽어보고 난 뒤 우리나라에도 소개하면 좋겠다고 생각해서 안나 쿠트에게 한국어판

출간을 제안했다.

　서구의 복지 정책은 황금기의 경제 성장과 맞물리면서 확대됐다. 외견상으로는 복지와 성장의 선순환이 가능했다. 그러나 우리나라는 개발연대의 급격한 경제 성장이 '선택과 집중'을 통해 이루어졌기 때문에 경제 발전 단계가 고도화됨에 따라 양극화가 본격화됐다. 일자리가 부족해지고 저출산과 고령화가 진행되면서 복지 수요가 늘어나고 있다. 하지만 저성장 기조가 구조화되고 경기가 침체되면서 복지 재원을 확충하기가 더 어려운 상황이다. 또 정치적 계산에 따라 복지를 확대했으나 예산 증가와 비교해 정책의 실효성은 상대적으로 높지 않았다. 복지 사업은 늘어났지만 예산 투입에만 몰두하면서 복지 정책 전반의 성과와 효율성에 대한 체계적인 평가가 없었다. 복지 사각지대의 비극이 수시로 일어나면서 취약한 복지 인프라 문제를 극명하게 드러내고 있다. 하지만 여전히 복지 정책은 정치인들의 득표 상품으로 취급되고 있다. 복지 사업이 일부 집단의 '먹거리' 사업으로 전락하기도 했다. 대표적인 분야가 아동과 노인에 대한 돌봄 사업이다.

　복지 정책은 사회적 연대에 기반해 국민들의 필요와 수요를 실질적으로 충족할 수 있어야 한다. 이 같은 관점에서 보편적 기본서비스는 한국형 복지국가의 초석을 마련할 수 있을 것이다. 사회경제적 불평등이 커지고 있다. 극소수를 제외한 대부분의 국민들이 인간다운 생활을 영위하기 위한 물질적 토대를 허물고 있다. 특히 저자들이 제안하는 보편적 기본서비스 영역 가운데 아동 돌봄, 성인 사회적 돌봄, 교육, 주거 등은 우리나라에서도 저렴한 양질의 서비스에 대한 수요가 지속적으로 터져 나오고 있다. 사실 보통 사람들은 소득 수준이 정체돼도 의료, 주거, 돌봄, 음식, 교육, 정보, 교통 등과 같은 영역에서 보편적 기본서비스가 잘 갖추어지면 일상생활을 큰 스트레스 없이 잘 유지할 수 있다.

이 책은 치밀한 수치와 논리적 분석보다는 저자들의 직관과 철학에 기반해 보편적 기본서비스를 소개하고 있다. 이 책을 읽는 동안 실현 가능성과는 별개로 우리나라의 복지 정책을 위한 많은 아이디어를 얻을 수 있었다. 저자들이 지적했듯이 보편적 기본서비스를 갖추지 못한 상황에서 보편적 기본소득을 시행한다면 단순한 현금 배분으로 그칠 가능성이 크다. 따라서 보편적 복지국가의 인프라로서 보편적 기본서비스를 먼저 실천해야 한다. 그리고 안나 쿠트가 지적했듯이 보편적 기본소득은 모든 사람에게 자동으로 현금을 지급한다는 것이 아니라 모든 사람의 소득이 일정 수준 이하로 떨어지지 않도록 보장한다는 의미로 이해돼야 한다.

이 책은 보편적 기본서비스의 도입과 확장을 주장하고 있다. 보편적 기본서비스의 목표는 단순한 서비스 확충이 아니라 사회적 평등의 확대와 시민권으로서 보편적 복지를 보장하는 것이 핵심이다. 이 책이 한국형 복지국가의 실현을 위한 진지한 논의와 공론화에 도움이 되기를 바란다.

| 주석 |

서론

1. '재화'와 구별되는 '서비스'의 공식적인 정의는 무형적인 활동의 유형으로서 보관과 소유가 불가능하며 제공 시점에 이용된다.

2. Social Prosperity Network(2017), 'Social Prosperity for the Future: A Proposal for Universal Basic Services', UCL: IGP.

3. A. Coote and E. Yazici(2019), 'Universal Basic Income: A Briefing for Trade Unions', Ferney-Voltaire, France: Public Services International.

1장

1. P. Alston(2017), 'Statement on Visit to the USA', Geneva: United Nations.

2. P. Alston(2018), 'Statement on Visit to the United Kingdom', Geneva: United Nations.

3. M. Nussbaum(2000), *Women and Human Development: The Capabilities Approach*, Cambridge: Cambridge University Press.

4. L. Doyal and I. Gough(1991), *A Theory of Human Need*, London: Palgrave Macmillan, p. 4.

5. Ibid., fig. 1, p. 25; S. C. Miller(2012), *The Ethics of Need: Agency, Dignity and Obligation*, New York: Routledge.

6. N. D. Rao and J. Min(2017), 'Decent Living Standards: Material Requisites for Human Well Being', *Journal of Social Indicators Research* 138(1): 138–225.

7. E. Durkheim(1984), *The Division of Labour in Society*, London: Palgrave Macmillan, pp. 154–9.

8. T. Marshall(1965), 'The Right to Welfare', *The Sociological Review* 13(3): 261–72.

9. A. Sayer(2000), 'Moral Economy and Political Economy', *Studies in Political Economy* 61(1): 79–103.

10. R. Tawney(1964), Equality, 5th edn, London: Allen and Unwin.

11. Brundtland Commission(1987), *Our Common Future*, Oxford: Oxford University Press.

2장

1. H. Evans and D. Wellings(2017), 'What Does the Public Think about the NHS?'. https://www.kingsfund.org.uk/publications/what-does-public-think-about-nhs.

2. C. Saunders(2017), 'Attitudes to Education and Children's Services: The British Social Attitudes Survey 2016', London: Department for Education.

3. J. Froud et al.(2018), *Foundational Economy*, Manchester: Manchester University Press, p. 40.

4. '서비스 이용자'라는 용어는 서비스를 이용하는 사람들의 약칭으로 사용된다. 현재는 서비스를 이용하고 있지 않지만 미래에 이용할 수 있는 주민이나 시민과 구별하기 위해 이 용어를 사용한다.

5. A. Coote(2010), 'Ten Big Questions about the Big Society', London: NEF; L. Findlay-King, Geoff Nichols, Deborah Forbes and Gordon Macfadyen(2018), 'Localism and the Big Society: The Asset Transfer of Leisure Centres and Libraries – Fighting Closures or Empowering Communities?', Leisure Studies 37(2): 158–70.

6. E. Turner(2019), 'Empowering Local Government or Just Passing the Austerity Buck? The Changing Balance of Central and Local Government in Welfare Provision in England 2008–2015', *Regional & Federal Studies* 29(1): 45–65.

7. J. McCarthy(2005), 'Commons as Counterhegemonic Projects', *Capitalism Nature Socialism* 16(1): 9–24, 17.

8. J. Angel(2014), 'Moving Beyond the Market: A New Agenda for Public Services', London: NEF, pp. 35–41; A. Cumbers(2012), Reclaiming Public Ownership, London: Zed Books; H. Wainwright(2009), *Reclaim the State: Experiments in Popular Democracy*, London: Seagull Books.

9. Independent Commission on Sustainable Equality(2018), 'Wellbeing for Everyone in a Sustainable Europe', Progressive Alliance of Socialists and Democrats in the European Parliament, pp. 17, 75.

10. Froud and Williams, *Foundational Economy*, pp. 108–10.

11. N. Goodwin(2018), 'There is More Than One Economy', *The Real-World Economics Review* 84: 16–35, 24; M. Hill(2014), 'It's the Economic Value, Stupid, but is Volunteering Really Worth £100bn to the UK?'. https://blogs.ncvo.org.uk/2014/06/26/its-the-economic-value-stupidbut-is-volunteering-really-worth-100bn-to-the-uk/.

12. J. Konings(2010), 'Childcare Vouchers: Who Benefits?', London: Social Market Foundation, p. 7; C. Wood and J. Salter (2013), *The Power of Prepaid*, London: Demos, pp. 9–15.

13. A. Coote(2017), 'Building a New Social Commons:The People, the Commons and the Public Realm', London: NEF, p. 5; L. Stephens(2008), 'Co-Production: A Manifesto for Growing the Core Economy', London: NEF, pp. 9–12.

14. D. Boyle, A. Coote, C. Sherwood and J. Slay(2010), 'Right Here, Right Now: Taking Co-production into the Mainstream', London: Nesta, p. 13.

15. P. Beresford(2019), 'Austerity is Denying Patients and Care Service Users a Voice', *The Guardian*. https://www.theguardian.com/society/2019/jan/14/austerity-denying-patients-care-service-users-voice.

16. 앳킨슨은 소득 지원을 받을 수 있는 자격을 고려한 것이지만, 이 개념은 서비스에도 동일하게 적용될 수 있다.

17. A. B. Atkinson(2015), *Inequality: What Can Be Done?*, Cambridge, MA: Harvard University Press, p. 219.

18. A. Coote(2017), 'Building a New Social Commons', London: NEF, p. 16.

19. Finlex Databank(n.d.), 'Social Rights'. http://www.finlex.fi/fi/laki/kaannokset/1999/en19990731.pdf; http://www.kela.fi/web/en/social-rights.

20. The Belgian Constitution, Article 23. http://www.const-court.be/en/basic_text/belgian_constitution.pdf.

21. C. Reich(1965), 'Individual Rights and Social Welfare: The Emerging Legal Issues', *Yale Law Journal* 74(7): 1252–3; D. Galligan(1992), 'Procedural Rights in Social Welfare', in A. Coote(ed.), *The Welfare of Citizens: Developing New Social Rights*, London: IPPR/Rivers Oram Press, pp. 55–68; R. Hirschl(2013), 'The Strategic Foundations of Constitutions', in D. Galligan and M. Veerstag(eds), *Social and Political Foundations of Constitutions*, Cambridge: Cambridge University Press, p. 162.

3장

1. G. Verbist, M. Förster and M. Vaalavuo(2012), 'The Impact of Publicly Provided Services on the Distribution of Resources: Review of New Results and Methods', OECD Social, Employment and Migration Working Papers 130: 35.

2. Ibid., pp. 25–6.

3. R. G. Wilkinson and K. Pickett(2010), *The Spirit Level: Why Greater Equality Makes Societies Stronger*, New York: Bloomsbury Press.

4. M. Evandrou, J. Falkingham, J. Hills and J. Le Grand(1993), 'Welfare Benefits in Kind and Income Distribution', *Fiscal Studies* 14(1): 57–76.

5. T. Sefton(2002), 'Recent Changes in the Distribution of the Social Wage', CASE Paper 62, London: LSE, p. 46; ONS(2018), 'Effects of Taxes and Benefits on UK Household Income: Financial Year Ending 2017', Section 4, Fig. 5.

6. I. Gough(2008), 'European Welfare States: Explanations and Lessons for Developing Countries', in A. Dani and A. D. Haan (eds), *Inclusive States: Social Policy and Structural Inequalities*, Washington, DC: World Bank, p. 42.

7. A. Wahl(2011), *The Rise and Fall of the Welfare State*, London: Pluto Press, pp. 122–3.

8. M. Raco(2013), 'The New Contractualism, the Privatization of the Welfare State, and the Barriers to Open Source Planning', *Planning Practice & Research* 28(1): 45–64.

9. LGA(2012), 'Services Shared: Costs Spared?'. https://www.local.gov.uk/sites/default/files/documents/services-shared-costs-spa-61b.pdf; OECD(2015), *Building on Basics, Value for Money in Government*, Paris: OECD Publishing, pp. 145–63.

10. S. Brownlee(2007), *Overtreated: Why Too Much Medicine is Making Us Sicker and Poorer*, New York: Bloomsbury, pp. 99–109; 206; N. Modi et al.(2018), 'Health Systems Should Be Publicly Funded and Publicly Provided', *British Medical Journal* 362(k3580).

11. ONS(2016), 'How Does UK Healthcare Spending Compare Internationally?'. https://www.ons.gov.uk/peoplepopulationandcommunity/healthandsocialcare/healthcaresystem/articles/howdoesukhealthcarespendingcompareinternationally/2016-11-01

12. A. Gulland(2011), 'UK Healthcare System is One of Most Efficient in Rich Countries', *British Medical Journal* 343(d5143).

13. DCMS(2018), 'The Public Services (Social Value) Act 2012: Introductory Guide', p. 2.

14. M. Bauwens and V. Niaros(2017), 'Value in the Commons Economy: Developments in Open and Contributory Value Accounting', Heinrich Böll Foundation and P2P Foundation, p. 3.

15. A. Coote and J. Angel(2014), 'Solidarity: Why it Matters for a New Social Settlement', London: NEF Working Paper.

16. E. Durkheim(1984 [1893]), The Division of Labour in Society, London: Palgrave Macmillan, pp. 154–9.

17. European Commission(1997), 'First Report on Economic and Social Cohesion 1996', Luxembourg: Office for Official Publications of the European Commission.

18. J. Kääriäinen and H. Lehtonen(2006), 'The Variety of Social Capital in Welfare State Regimes – A Comparative Study of 21 Countries', *European Societies* 8(1): 27–57; W. V. Oorschot and W. Arts(2005), 'The Social Capital of European Welfare States:The Crowding Out Hypothesis Revisited', *Journal of European Social Policy* 15(1): 5–26; B. Rothstein and D. Stolle (2003), 'Social Capital in Scandinavia', *Scandinavian Political Studies* 26(1): 1–25.

19. M. Sandel(2012), 'How Markets Crowd Out Morals', The Boston Review (May).

20. R. Titmuss et al.(1997), *The Gift Relationship*, New York: The New Press.

21. M. Sandel(2013), *What Money Can't Buy: The Moral Limits of Markets*, London: Penguin, pp. 64–5; J. Dean(2015), 'Volunteering, the Market, and Neoliberalism', *People, Place and Policy* 9(2):139–48.

22. K. Lynch and M. Kalaitzake(2018), 'Affective and Calculative Solidarity: The Impact of Individualism and Neoliberal Capitalism', *European Journal of Social Theory*: 1–20; J. M. Brodie(2007), 'Reforming Social Justice in Neoliberal Times', *Studies in Social Science* 1(2); K. Jayasuriya(2006), *Statecraft, Welfare and the Politics of Inclusion*, Basingstoke: Palgrave Macmillan, p. 15.

23. P. Ekins(2014), 'Strong Sustainability and Critical Natural Capital', in G. Atkinson, S. Dietz, E. Neumayer and M. Agarwala(eds), *Handbook of Sustainable Development*, Cheltenham: Edward Elgar Publishing, p. 56.

24. A. Coote(2015), 'People, Planet Power: Towards a New Social Settlement', London: NEF, p. 19.

25. R. Freeman(1992), 'The Idea of Prevention: A Critical Review', in S. J. Scott, G. Williams, S. Platt and H. Thomas(eds), *Private Risks and Public Dangers*, Aldershot: Avebury; I. Gough(2015), 'The Political Economy of Prevention', *British Journal of Political Science* 45(2): 307–27.

26. Independent Commission on Sustainable Equality, 'Wellbeing for Everyone in a Sustainable Europe', pp. 74–5.

27. I. Gough(2017), *Heat, Greed and Human Need*, Cheltenham: Edward Elgar, p. 163.

28. I. Gough et al.(2008), 'Climate Change and Social Policy: A Symposium', *Journal of European Social Policy* 18(4): 325–44.

29. Green New Deal Group(2008), 'A Green New Deal', London: NEF, p. 3.

30. I. Ortiz et al.(2018), 'Universal Basic Income Proposals in Light of ILO Standards: Key Issues and Global Costing', Geneva: ILO, p. 13.

31. Ibid., p. 29.

32. *The Guardian Letters*(2016), 'Potential Benefits and Pitfalls of a UBI', *The Guardian*. https://www.theguardian.com/politics/2016/jun/10/potential-benefits-and-pitfalls-of-a-universal-basic-income.

33. F. Mestrum(2018), 'Why Basic Income Can Never Be a Progressive Solution', in A. Downes and S. Lansley(eds), *It's Basic Income: The Global Debate*, Bristol: Policy Press, pp. 97–8.

34. E. Whitfield(2018), 'Why Basic Income is Not Good Enough', in A. Downes and S. Lansley(eds), *It's Basic Income: The Global Debate*, Bristol: Policy Press, pp. 109–12.

4장

1. 유아 돌봄과 미취학 아동을 위한 교육이라는 의미로 이 장 전체에 걸쳐 '아동 돌봄'이라는 용어를 사용한다.

2. E. Lloyd and S. Potter(2014), 'Early Childhood Education and Care and Poverty', working paper for Joseph Rowntree Foundation, London: University of East London, p. 78.

3. H. May(2014), 'New Zealand: A Narrative of Shifting Policy Directions for Early Childhood Education and Care', in L. Gambaro, K. Stewart and J. Waldfogel, *An Equal Start? Providing Quality Early Childhood Education and Care for Disadvantaged Children*, Bristol: Policy Press, pp. 147–8.

4. K. Stewart et al.(2014), 'Common Challenges, Lessons for Policy', in L. Gambaro, K. Stewart and J. Waldfogel, *An Equal Start? Providing Quality Early Childhood Education and Care for Disadvantaged Children*, Bristol: Policy Press; see, for example, H. Penn and J. Sumison, in E. Lloyd and H. Penn(eds), *Childcare Markets*(2012), Bristol: Policy Press, pp. 19–42; 209–26.

5. H. Penn(2014), 'The Business of Childcare in Europe', *European Early Childhood Education Research Journal* 22(4): 432–56, 453.

6. Stewart et al., 'Common Challenges, Lessons for Policy', p. 223.

7. Gambaro et al., *An Equal Start?*, pp. 222–5.

8. OECD(2016), 'Society at a Glance 2016: OECD Social Indicators 2016', Paris: OECD.

9. Ibid.

10. Child Poverty Action Group(2013), 'New Investment in Childcare: Who Benefits?', *Poverty* 145: 6–8, 6.

11. K. Stewart(2013), 'Labour's Record on the Under 5s: Policy Spending and Outcomes 1997–2010', Notes to pp. 65–71, Centre for Analysis of Social Exclusion, London: LSE.

12. J. de Henau(2017), 'Costing and Funding Free Universal Childcare of High Quality', WBG Childcare Briefing; J. M. Himmelweit et al.(2014), 'The Value of Childcare', London: NEF.

13. OECD(2011), 'Investing in High-Quality Childhood Education and Care(ECEC)', p. 4.

14. J. Aked et al.(2009), 'Backing the Future: Why Investing in Children is Good for Us All', London: NEF.

15. R. Wittenberg et al.(2018), 'Projections of Demand and Expenditure on Adult Social Care 2015 to 2040', *Personal Social Services Research Unit Discussion Paper* 2944(2): 6.

16. Conference Proceedings(2007), *Early Intervention and Older People: The Case for Preventative Services*, London: Kings College. https://www.kcl.ac.uk/scwru/mrc/makingresearchcountreport2610721.pdf.

17. Houses of Parliament(2018), 'Unpaid Care', POST PN 582, London: Houses of Parliament, p. 1.

18. D. Bouget et al.(2016), 'Work–Life Balance Measures for Persons of Working Age with Dependent Relatives in Europe: A Study of National Policies', Brussels: European Commission, p. 9.

19. R. Davies(2018), 'Profit-Hungry Firms are Gambling on Social Care. Are the Stakes Too High?', The Guardian. https://www.theguardian.com/society/2018/feb/28/profit-hungry-firms-gambling-care-homes-stakes-too-high.

20. OECD(2018), 'Key Issues in Long-Term Care Policy'. http://www.oecd.org/els/health-systems/long-term-care.htm.

21. Office for Budgetary Responsibility(2017), 'Fiscal Risks Report', London: Office for Budgetary Responsibility, p. 166.

22. R. Robertson et al.(2014), 'The Health and Social Care Systems of Nine Countries', Commission on the Future of Health and Social Care in England, London: King's Fund, p. 10.

23. D. Bell(2018), 'Free Personal Care: What the Scottish Approach to Social Care would Cost in England', The Health Foundation Newsletter.

24. Ibid.

25. S. Murphy(2018), 'Companies Running "Inadequate" UK Care Homes Make £113m

Profit', *The Guardian*. https://www.theguardian.com/society/2018/nov/23/revealed-companies-running-inadequate-uk-care-homes-make-113m-profit.

26. C. Glendinning and M. Wills(2018), 'What Can England Learn from the German Approach to Long-Term Care Funding?'. https://blogs.lse.ac.uk/politicsandpolicy/german-approach-to-long-term-care-funding/.

27. Department of Health and Social Care(2017), 'Adult Social Care: Quality Matters', London: DHSC.

5장

1. Ministry of Housing, Department for Communities and Local Government(2018), 'Dwelling Stock Estimates: England, 2017', London: Ministry of Housing, Communities and Local Government.

2. The Marmot Review(2018), Strategic Review of Health Inequalities in England post-2010, London: Institute of Health Equity, p. 18.

3. N. Falk and J. Rudlin(2018), 'Learning from International Examples of Affordable Housing', London: Shelter, p. 9.

4. Ibid., p. 13.

5. D. Dorling, *All That Is Solid: How the Great Housing Disaster Defines our Times and What We Can Do about It*, London: Allen Lane, p. 114.

6. Social Prosperity Network(2017), 'Social Prosperity for the Future: A Proposal for Universal Basic Services', UCL: IGP, pp. 35–6, 42.

7. Falk and Rudlin, 'Learning from International Examples.'

8. OECD Affordable Housing Database(2019), 'Housing Costs over Income'.

9. A. Davis et al.(2018), 'A Minimum Income Standard for the UK 2008–2018: Continuity and Change', London: JRF; Rao and Min, 'Decent Living Standards'.

10. K. Bayliss and G. Mattioli(2018), 'Privatisation, Inequality and Poverty in the UK: Briefing Prepared for UN Rapporteur on Extreme Poverty and Human Rights', SRI Working Paper Series 116: 13–14.

11. Ibid., p. 14.

12. Ibid., p. 16.

13. R. Massey(2014), 'Boom in Free Bus Passes… but No Buses: Pensioner Perk so Popular Councils Forced to Axe Services to Pay for It', *The Daily Mail*. https://www.dailymail.co.uk/news/article-2570718/Boomfree-bus-passes-no-buses-Pensioner-perk-popularcouncils-forced-axe-services-pay-it.html.

14. Social Prosperity Network(2017), 'Social Prosperity for the Future', p. 26.

15. I. Taylor and L. Sloman(2016), 'Building a World Class Bus Service for Britain', London: Transport for Quality of Life, pp. 115–16.

16. Department for Transport(2016), 'Evaluation of Concessionary Bus Travel: The Impacts of the Free Bus Pass', London: Department for Transport.

17. KPMG(2017), 'The "True Value" of Local Bus Services: A Report to Greener Journeys', p. 12; R. Mackett(2015), 'Improving Accessibility for Older People – Investing in a Valuable Asset', *Journal of Transport & Health* 2(1): 5–13, 12; A. Jones et al.(2013), 'Entitlement to Concessionary Public Transport and Wellbeing: A Qualitative study of Young People and Older Citizens in London, UK', *Social Science & Medicine* 91: 202–9.

18. KPMG, 'The "True Value" of Local Bus Services', p. 17.

19. Greener Journeys(2016), 'The Value of the Bus to Society'. https://greenerjourneys.com/wp-content/uploads/2016/10/The-Value-of-the-Bus-to-SocietyFINAL.pdf.

20. L. Sloman and L. Hopkinson(2019), 'Transforming Public Transport: Regulation, Spending and Free Buses for the Under 30s', London: Friends of the Earth, p. 6.

21. Department for Transport(2017), 'Transport Statistics Great Britain 2017: Energy and Environment', London: Department for Transport, p. 6.

22. K. Storchmann(2003), 'Externalities by Automobiles and Fare-Free Transit in Germany – A Paradigm Shift?', *Journal of Public Transportation* 6(4):89–105.

23. Rao and Min, 'Decent Living Standards', p. 225.

24. A. Davis et al.(2018), 'A Minimum Income Standard for the UK 2008–2018: Continuity and Change', London: JRF, p. 2.

25. UNHCR(2016), 'The Promotion, Protection and Enjoyment of Human Rights on the Internet', General Assembly A/HRC/32/L.20, p. 3.

26. Parliamentary Office of Science and Technology(2015), 'Trends in ICT', Post-Note 510: 2.

27. S. Dutta et al.(eds)(2015), 'The Global Information Technology Report 2015', World Economic Forum, p. xv.

28. OECD(2017), 'Internet Access'. https://data.oecd.org/ict/internet-access.htm.

29. K. Salemink, D. Strijker and G. Bosworth(2017), 'Rural Development in the Digital Age: A Systematic Literature Review on Unequal ICT Availability, Adoption, and Use in Rural Areas', *Journal of Rural Studies* 54: 360–71.

30. T. Hunt(2018), 'The Case for Universal Basic Infrastructure', in C. Berry(ed.), *What We Really Mean When We Talk about Industrial Strategy*(Future Economies), Manchester: Manchester Metropolitan University, p. 95.

31. R. D. Atkinson(2011), 'Economic Doctrines and Network Policy', *Telecommunications* Policy 35(5): 413–25.

32. Worldwide StatCounter, 'Desktop v Mobile Market Share Worldwide'. http://gs.statcounter.com/platform-market-share/desktop-mobile/worldwide/#yearly -2010-2018.

33. European Commission(n.d.), 'Telecom Rules'. https://ec.europa.eu/digital-single-market/en/telecoms-rules.

34. House of Commons Library(2018), 'A Universal Service Obligation for Broadband'. https://research briefings.parliament.uk/ResearchBriefing/Summary/CBP-8146.

35. Sky UK(2019), 'Choose How Much Data You'd Like'. https://www.sky.com/shop/mobile/plans/data; Belong AU(2019), 'Explore Belong Sim Only Plans'. https://www.belong.com.au/mobile/plans/small-sim-plan.

36. OECD(n.d.), 'Level of GDP Per Capita and Productivity'. https://stats.oecd.org/index.aspx?DataSetCode=PDB_LV.

37. 예를 들어, 'Apple Manufacturing in India for Indian Market to Accommodate Tariffs on Imports'. https://www.wsj.com/articles/apple-assembles-firstiphones-in-india-1495016276?mod=e2tw 참조.

38. Lloyds Bank(2018), 'UK Consumer Digital Index 2018', pp. 16–27.

39. Connecting Devon and Somerset(n.d.). https://www.connectingdevonandsomerset.co.uk/#; CommunityNetworks(n.d.),'Community Network Map'. https://muninetworks.org/communitymap.

40. Guifi.net(n.d.), 'What is guifi.net?'. http://guifi.net/en/what_is_guifinet.

41. Magnolia Road(2018), Magnolia Road Internet Cooperative. https://magnoliaroad.net.

42. T. Scholz(2016), 'Platform Cooperativism:Challenging the Corporate Sharing Economy',

Rosa Luxemburg Stiftung, New York Office.

43. P. Koutroumpis(2018), 'The Economic Impact of Broadband: Evidence from OECD Countries', Ofcom, p. 14.

44. J. Perry et al.(2014), 'Emergency Use Only:Understanding and Reducing the Use of Food Banks in the UK', Oxford: Oxfam, pp. 7–13.

45. D. Taylor(2019), 'London Council Launches Free School Meals Pilot Scheme', The Guardian. https://www.theguardian.com/education/2019/jun/05/london-council-launches-free-school-meals-pilot-scheme.

46. T. Lambert, 'Proud of Helsinki's Summer Playground Meal Service for Kids'. Letters, The Guardian. https://www.theguardian.com/world/2019/jun/04/proud-of-helsinkis-summer-playground-meal-service-for-kids.

6장

1. 예를 들어, Froud and Williams, Foundational Economy, pp. 123–30; S. Duffy(2018), 'Basic Income or Basic Services', Centre for Welfare Reform; B. Frankel(2018), Fictions of Sustainability: The Politics of Growth and Post Capitalist Futures, Melbourne: Greenmeadows, pp. 262–6. 참조.

2. B. Born and M. Purcell(2006), 'Avoiding the Local Trap: Scale and Food Systems in Planning Research', Journal of Planning Education and Research 26(2):195–207.

3. Evergreen Cooperatives(n.d.), 'About Us'. https://www.evgoh.com/about-us/.

4. A. Coote(2017), 'Building a New Social Commons', London: NEF, pp. 14–15.

5. The Citizens' Assembly(n.d.), 'Welcome to the Citizens' Assembly'. https://www.citizensassembly.ie/en/.

6. M. Mersch(ed.)(2018), 'Wellbeing for Everyone in a Sustainable Europe'. Independent Commission on Sustainable Equality, p. 75.

7. Froud and Williams, Foundational Economy, p. 111.

8. J. Kellas(1992), 'The Scottish Constitutional Convention', in The Scottish Government Yearbook, Edinburgh: University of Edinburgh.

9. 이 수치는 모든 사람들의 무료 버스 승차권 비용과 영국 전역에 런던식 교통 서비스를 확대하는 비용 간의 차액을 나눈 것이다.

10. OECD(2019), General government spending (indicator), doi:10.1787/a31cbf4d-en.

11. Ibid.

12. OECD comparative revenue statistics. https://stats.oecd.org/viewhtml.aspx?datasetcode= REV&lang=en.

13. I. Gough(2017), *Heat, Greed and Human Need*, Cheltenham: Edward Elgar, p. 162; D. Fell(2016), *Bad Habits, Hard Choices: Using the Tax System to Make Us Healthier*, London: London Publishing Partnership, pp. 106–10.

결론

1. J. Stiglitz(2017), 'Austerity has Strangled Britain. Only Labour Will Consign It to History', *The Guardian*. https://www.theguardian.com/commentisfree/2017/jun/07/austerity-britain-labour-neoliberalism-reagan-thatcher.

2. D. Phillips et al.(2018), 'British Social Attitudes: The 35th Report', London: The National Centre for Social Research.

3. OECD(2018), 'Risks that Matter', OECD. http://www.oecd.org/els/soc/Risks-That-Matter-2018-Main-Findings.pdf.

4. B. Meuleman et al.(2018), 'The Past, Present and Future of European Welfare Attitudes: Topline Results from Round 8 of the European Social Survey', *European Social Survey Topline Results Series* 8: 4.

5. A. Simms and P. Newell(2019), *How Did We Do That? The Possibility of Radical Transition*, Brighton: Radical Transition Alliance, p. 5.

6. Froud and Williams, *Foundational Economy*, p. 130.

7. Congressional Western Congress(2019), 'Green New Deal', 116th Congress 1st Session, H. Res. 109.

역자 후기

1. Institute for Global Prosperity(2017), "Social prosperity for the future: A proposal for Universl Basic Services", Social prosperity network report, https://mronline.org/wp-content/uploads/2019/08/universal_basic_services_-_the_institute_for_global_

prosperity_.pdf

2. Labour(2019), Universal Basic Services: The Right to a Good Life

3. https://www.kela.fi/web/en/news-archive/-/asset_publisher/IN08GY2nIrZo/content/results-of-the-basic-income-experiment-small-employment-effects-better-perceived-economic-security-and-mental-wellbeing#:~:text=In%20the%20basic%20income%20experiment,were%20actively%20looking%20for%20work

기본소득을 넘어
보편적 기본서비스로!

초판 1쇄 인쇄 2021년 7월 12일
초판 1쇄 발행 2021년 7월 16일

지은이 안나 쿠트 앤드루 퍼시
옮긴이 김은경
펴낸이 안현주

기획 류재운 **편집** 이상실 안선영 **마케팅** 안현영
디자인 표지 최승협 본문 장덕종

펴낸 곳 클라우드나인   **출판등록** 2013년 12월 12일(제2013-101호)
주소 우) 03993 서울시 마포구 월드컵북로 4길 82(동교동) 신흥빌딩 3층
전화 02-332-8939   **팩스** 02-6008-8938
이메일 c9book@naver.com

값 15,000원
ISBN 979-11-91334-23-4 03320